すぐ「決めつける」バカ、まず「受けとめる」知的な人

Books＆Apps
安達裕哉

日本実業出版社

はじめに

仕事をしていると、少なからず「こいつ、バカだなぁ」と感じることがあるでしょう。

・人の話を聞かない上司
・仕事をしない同僚
・アドバイスを聞かない後輩
・無茶な要求を出す取引先

こうした状況は、職場を憂鬱《ゆううつ》にし、仕事を退屈な苦行に変えてしまいます。

私は会社で働き始めた当初、それがイヤでたまりませんでした。
「こんなくだらない職場、辞めてやる！」と何度思ったことでしょう。
私は徐々に、仕事で出会う「バカな人たち」を憎むようになっていました。

ストレートに言えば、「頭が悪いヤツと仕事をするのは、イヤだなぁ」と、傲慢《ごうまん》にも思っていたのです。

もちろん、それを表に出すことはできません。

しかし、私は「できれば頭がいい人たちと働きたい」と強く思っていたので、そのような仕事ばかりを選んで仕事をしていました。

◆

そんな感じでしたから、私がとくに多く担当していたのは、「賢そうな」テクノロジー系のクライアントでした。

たとえば、某有名国立大学出身、日系の大手企業に就職し、そこを辞めて若くして起業し成功を収めていた「非常に賢くて優秀」な経営者のクライアントがいました。

彼は聡明で、仕事の進め方もうまく、私は「バカな人」と働かずに済む、このプロジェクトが好きでした。

しかしあるとき、ちょっとした事件がありました。
中途採用のための、「採用基準」についての話をしていたときです。

その経営者は、会議の席上でこう言いました。

「転職回数の多いヤツは、使えないから避けてくれ」

私は驚きました。「転職回数」と「仕事の能力」はあまり関係がないからです。

たとえば、私が在籍していたコンサルティング会社には転職回数の多い人が無数に存在していましたが、転職回数と仕事の能力は無関係でした。いえ、むしろ「転職回数が少ないヤツは、チャレンジしないヤツ」という雰囲気すらありました。

私は混乱しました。

いわば、「認知的不協和（個人の持つ2つの情報の間に不一致が生じること）」の状態に陥ってしまったのです。

彼は賢いのか、それともバカなのか？　どちらなのでしょう？

◆

それがやっと解決を見たのは、養老孟司の『バカの壁』[*0]を読んでからです。『バカの壁』には、いわば次のような主旨のことが書いてありました。

「バカ」というのは「与えられた情報に対する姿勢」の問題である。

自分が知りたくないことに対しては、自主的に情報を遮断してしまう。これが「バカの壁」なのだと。

驚きました。

これが示しているのは、「バカは私のほうであった」という事実です。

つまり、「相手が何を考えているのかわかろうとせずに、相手を『バカ』と決めつけ遮断していた」のです。

某経営者が「転職回数の多いヤツは使えない」と言ったことの理由を理解せず、「彼はバカなのか、賢いのか」を判断しようとした私こそ、バカであったのです。

それ以降、私は相手の発言の真意を必ずたしかめるようにしました。

「聞くこと」「話を吟味すること」が「バカ」から抜け出す最もよい方法だと思ったからです。

すると、あらゆる人は「自分の見えている世界の中では合理的な選択をしている」ことがわかってきました。

「バカ」は人の属性ではなく、考え方の属性なのです。

バカな人がいるのではなく、バカな考え方や振る舞い方があるだけなのです。

「バカに見える」発言も、その裏には素晴らしいアイデアや、熱い想い、強烈な体験などがあり、それは決して軽んじてよいものではありませんでした。

◆

この本には、私が体験した「バカな振る舞い」に関してのエピソードが集められています。

「すべての悩みは、対人関係」とアルフレッド・アドラーは言いましたが、「バカ」の原因がわかってしまえば、対人関係に不条理を感じることもほとんどなくなります。どんな人とも、ある程度、歩み寄れるようにもなれるでしょう。

健闘を祈ります。

すぐ「決めつける」バカ、まず「受けとめる」知的な人　目次

第2章 「なぜ、バカな振る舞いをしてしまうのか」を行動経済学・心理学から見る

第3章 どうすれば、「バカな振る舞い」をやめることができるのか？

ブックデザイン
杉山健太郎
—
DTP
アイ・ハブ
—
カバー・帯・表紙・扉、P14、82、182、278の写真
Monkey Businesas Images/Shutterstock
—
P84の写真
Minerva Studio/Shutterstock

第1章

すぐに決めつける、耳をふさぐ「バカな振る舞い」

厄介なのは「わからない」ではなく、「わかりたくない」なんだよね。

コンサルタントをしていたとき、記憶に焼きついた先輩からのひと言がある。

「厄介《やっかい》なのは『わからない』ではなく、『わかりたくない』なんだよね」

これは、聞いたときにはそうでもないと思ったが、時が経てば経つほど、含蓄《がんちく》のある言葉だったとわかった。

人は、自分の経験や知識の中にないことを聞いたとき、2とおりの反応を示す。

1つは「わからない」。

そして、もう1つは「わかりたくない」である。

ちょっとした言葉の違いくらいかと思いきや、この2つの差は天と地ほど大きい。

人は「わかりたくない」ときがある

たとえば、こんな話がある。


目の前にボタンがあると想像してほしい。あなたは、そのボタンの管理者から「好きなときにボタンを押してください」と言われる。

あなたはしばらくしたあと、「そろそろボタンを押すか」と思い、ボタンを押す。

この「ボタンを押す」という行為、「じつは、あなたの意志でボタンを押したのではない」と聞かされたら、どう思うだろうか？

普通の人は「は？　何、言ってんの？」と思うだろう。

じつはこの主張には、科学的な根拠がある。

脳科学者の池谷裕二は『進化しすぎた脳』で「自由意志は潜在意識の奴隷」と述べ、[*1]このような状態のときは「意識より先に体が動いている」ということを脳波の測定実験によってたしかめている。

1 **「腕を動かそう」と思う**

↑

「腕が動いてボタンを押す」ではなく、

2 **「腕が動いてボタンを押す」**

↑

「腕を動かそう」と思う、が正しいのだ。

突き詰めると、「人間の自由意志は虚構」と言えなくもない。

この事実はもちろん、直感に反する。

「いやいや、オレが動かそうと思ったから、腕が動いたんだろう！」と言う人は多いと思うが（私もその1人だ）、実際には逆だ。

意識は動くことよりも遅れて脳の中に現れ、あたかも「自分が動かしたように思える」のが実際なのだ。

そして、肝心なのはここからだ。

この話に対する反応は、概《おおむ》ね2とおりに分かれる。

まず、「わからない人」の反応は、だいたい次のとおりだ。

「へえ、よくわからないけど不思議だね」

「どういう実験をしたの？」

「それは、脳科学では普通の考え方なの？」

この場合、知識が不足して自分では理解ができない、あるいは足りない知識を補おうとする様子が見て取れる。

しかし、「わかりたくない人」は次のような反応を示す。


「そんなわけない」

「信じられない」

「嘘だ」


つまり、**自分の既成概念を優先し、事実を受けとめることができない。これが「わかりたくない人」**だ。


ほかにもある。

多くの人は「ビジョナリーな会社が成長する」と思っている。だが、それはどうやら嘘らしい。

ノーベル賞を受賞した経済学者のダニエル・カーネマンは『ファスト&スロー』の中で、統計データは「ビジョナリーな会社の業績はとくによいわけではない」ことを示している、と指摘する。[*2]

『ビジョナリー・カンパニー』で調査対象になった卓越した企業とぱっとしない企業との収益性と株式リターンの格差は、おおまかに言って調査期間後には縮小し、ほとんどゼロに近づいている。トム・ピーターズとロバート・ウォーターマンのベストセラー『エクセレント・カンパニー』(大前研一訳、英治出版)で取り上げられた企業の平均収益も、短期間のうちに大幅減を記録している。

(中略)

あなたはたぶん、これらの結果に原因を見つけようとしただろう。たとえば、成功した企業は自己満足に陥ったからだとか、冴えなかった企業は汚名返上にがんばったのだとか。だがそれはまちがっている。当初の差はかなりの部分が運によるのであって、運は輝かしい成功にもそれ以外の平凡な業績にも作用していたのだから、この格差は必ず縮小することになる。

この話を読んだとき、かなり意外に感じたことはたしかだ。そして、この話への反応も大きく2つに分かれた。

何人かの優れた経営者は、

「その見解と異なる統計データがある」

「どのようにその結論を導いたのか」

「データの取り方を知りたい」

と疑問に対して議論をしていた。


しかし、「直感に反することはわかりたくない」という人も多い。

「私の経験では」

「知り合いの経営者はこう言っている」

「そんなわけあるか」

という反応を示し、それ以上理解をしようとしなかった経営者も数多くいた。

大切な事実を「わかりたくない」となるとマズい

これらは、飲み会のネタ程度で済めばいいのだが、仕事の成果に関わる話だと厄介だ。

たとえば以前、私がある会社のコンサルティングで営業の支援をしていたとき、どうしても自分自身の営業の拙《つたな》さを認められない人がいた。

成約率のデータを示しても、

「データの見方がわからない（理解したくない）」

「データが間違っている」

「そんな話は聞きたくない」

と、話し合いそのものを拒否してしまう。

世の中には、客観的事実にもとづいて自分の考えを変えることのできる人と、客観的事実よりも自分の見えているもののほうが大事な人（「バカ」と呼んでもいいかもしれない）、2種類の人間が存在している。

「興味がない」という言葉は、自らを狭い世界に押し込める、言ってはいけない言葉。

「興味がない」という言葉を口にしないほうがいいと、昔、大学のある先生から教わった。今になって思うと、非常に重要な指摘だったと感じる。

私が理由を尋ねると、『興味がない』という言葉は、自らを狭い世界に押し込めるからです」と先生は言った。

先生は、こうも言った。

「学生が社会に出て成功するかどうかは、発言でわかります。『興味がない』とすぐに言ってしまう人は、たいていダメです。よしんば、いい会社に入ったとしても、研究者になることができても、途中で成長が止まります」

先生は、ある1人の学生の例をあげた。

「『ほかのことには興味がないので、重要なことだけ教えてください』というのが口癖の学生がいました。彼は自分の興味があることには非常に積極的でしたが、それ以外はサッパリでした。彼は結局どうなったか？　というと、20代後半からまったく伸びなくなりました。あとから入ってくる若手にも、どんどん抜かれてしまいました」

先生は周りの学生たちを見渡した。

「なぜだと思いますか？」

学生たちが発言する。

「新しい知識を拒んだからです」
「好奇心がなかったからです」
「閉鎖的だからです」

先生は、皆に言った。

「どれも正解です。ですが、本質的には『興味がない』という発言は、2つのことを示しています。知識を扱う仕事に就きたいなら、これは覚えておいたほうがいいでしょう」

先生は言った。

「1つは、**『興味がない』と自分で線引きすることは、自分の枠組みを知識に押しつけてしまっています。**これは柔軟な発想ができなくなる行為です。知識はどこでつながるか予想ができない。『興味がない』と発言することで、真理に至る道を自分で閉ざしている可能性が高い。大きな発見は、しばしばその道数十年といった専門家でなく、ほかの道から新規参入した人が成し遂げることがありますが、知識のつながりは予想できないのです」

先生は、さらに言った。

「2つ目に、**『興味がない』という発言は、周りの人にとても攻撃的な印象を与えます。**よく言うでしょう。『嫌い』よりも『無関心』のほうが人を傷つける、と。協力者を失うことは、大きな損失です」

バカとは何か。バカとどう付き合うか。

「バカ」と、人を罵倒《ばとう》するのは行為として褒められたことではない。

だが残念ながら、現実に「バカ」が存在することに異論のある方はいないだろう。

しかし、この「バカ」という存在。いったいどのような存在なのだろうか。バカとは何なのだろうか?

東京大学の名誉教授で、解剖学者の養老孟司は『バカの壁』で、次のように述べている。[*3]

「話せばわかる」は大嘘

「話してもわからない」ということを大学で痛感した例があります。イギリスのBBC放送が制作した、ある夫婦の妊娠から出産までを詳細に追ったドキュメンタリー番組を、北里大学薬学部の学生に見せた時のことです。

薬学部というのは、女子が六割強と、女子の方が多い。そういう場で、この番組の感想を学生に求めた結果が、非常に面白かった。男子学生と女子学生とで、はっきりと異なる反応が出たのです。

ビデオを見た女子学生のほとんどは「大変勉強になりました。新しい発見が沢山ありました」という感想でした。一方、それに対して、男子学生は皆一様に「こんなことは既に保健の授業で知っているようなことばかりだ」という答え。同じものを見ても正反対といってもよいくらいの違いが出てきたのです。

これは一体どういうことなのでしょうか。同じ大学の同じ学部ですから、少なくとも偏差値的な知的レベルに男女差は無い。だとしたら、どこからこの違いが生じるのか。

その答えは、与えられた情報に対する姿勢の問題だ、ということです。要するに、男というものは、「出産」ということについて実感を持ちたくない。だから同じビデオを見ても、女子のような発見が出来なかった、むしろ積極的に発見をしようとしなかったということです。

つまり、自分が知りたくないことについては自主的に情報を遮断してしまっている。ここに壁が存在しています。これも一種の「バカの壁」です。

「バカ」は、知りたくないことに耳を貸さない、だから話が通じない

これに極めて近い話が、心理学で言う「確証バイアス」だ。ダニエル・カーネマンは『ファスト&スロー』で、こう述べている。[*4]

サムが親切だと思っている人は、「サムって親切？」と訊かれればサムに親切にしてもらった例をあれこれと思い出すが、「サムっていじわるだよね？」と訊かれたときはあまり思い浮かばない。自分の信念を肯定する証拠を意図的に探すことを確証方略と呼び、システム2はじつはこのやり方で仮説を検証する。「仮説は反証により検証せよ」と科学哲学者が教えているにもかかわらず、多くの人は、自分の信念と一致しそうなデータばかり探す――いや、科学者だってひんぱんにそうしている。

人に「自分の信念を肯定する証拠を意図的に探す」傾向があるということは、裏を返せば、人は「信念を否定される」「反証を出される」と、情報を意識的、無意識的によらず、シャットアウトするということでもある。

この「情報シャットアウト」の正体こそが、「バカ」の本質だ。

バカは思い込む。
バカは正しさを検証しない。
バカは固執し、ほかの可能性を探らない。
バカは結論に飛びつく。
バカは偏見を持つ。

……ということは、もう1つ重要な事実が明らかになる。それは、**人は誰でもバカになりうる、という事実だ。**

個人のバイアスの強い領域では、ふだんよほど知的に振る舞う人物ですら、バカになってしまうことがよくある。

たとえば、次のような状況である。

「ふだんはいい人なのに、サッカーの勝敗の話になるとなんであの人、あんなムキになるのかしら……」

「あんな仕事のできる社長が、悪い報告をすると怒るんだよ。『おまえらの気合が足りないから』って……」

「あの学者、政治活動をするようになってから、劣化したよね……。客観的に判断できなくなっている」

また、「いかにもバカっぽいこと」だけではなく、次のような発言も（政治的には正しくとも）、すべて「バカ」な発言である。

「戦争はいついかなるときも避けるべきである。これに例外はないし、議論の余地もない」

「人権は、いつ、いかなるときも、何よりも尊重されるべきである。人権を尊重しないのは悪であり、許されることではない」

発言者はそれを信じ込んでいるかもしれないが、そうでない人もいる。

したがって、「バカな人」がいるのではない。人は誰でも時として「バカな状態」に陥るのである。

つまり、「バカ」とは特定の脳の働きが起きている「状態」のことを示す。

バカの正体を知ってしまえば、自分の思考を日頃から客観的に見つめる訓練を積み、「バカの状態」をできるだけ回避することもできる。

とは言え、人間の認識には限界があり、どこまでいっても主観からは逃れられない。どこまでいっても、正しさについての100％の証明は不可能で、客観性を標榜することそのものが、疑わしい行為である。

だから、「バカ」は世の中からなくならない。原理的になくすことができない。

我々にできるのは「バカ」を受け入れることである。
もっと言えば、「真実の追求」ではなく、「バカがいる現実の受け入れ」が、世渡りで最も重要なことの1つでもある。

たとえば、「バカとハサミは使いよう」という言葉がある。

前述したように、バカには迷いがない。

バカの極みは狂信者であるが、狂信者のエネルギーは、凄《すさ》まじいものがあり、時に自分の命すら顧《かえり》みないのである。

また、起業するときはバカになるほうがいい、というアドバイスをする人もいる。

バカな状態は、エネルギーの源泉であり、情熱の発露だというのだ。

すなわち、バカとうまく付き合う、ということは「思い込み」をポジティブに利用できるかどうかにかかっている。

バカは正義を生み出す一方で、偏見を生み出す、諸刃《もろは》の剣である。

このことを忘れないかぎりは、「バカ」もまた、社会に必要な要素なのだ。

明晰ではあるが、文句ばかり言っていた人の話。

Tさんは、都内の有名国立大学を卒業し、大手企業に新卒で入社した。

もともと明晰《めいせき》であったため、研修期間中に頭角を現し、同期からは「出世頭となるだろう」と言われていた。

ところが、配属は彼の希望どおりとはならなかった。

人事は彼の希望を考慮はしたが、全体のことを考え「今、彼の能力を一番必要としている部署」に配置をしたからだった。

彼は憤慨したが決定は覆《くつがえ》らず、彼のキャリアのスタートは不本意なものとなった。

そして、研修期間は終了し、Tさんはあるチームに配属された。

チームのリーダーは、中途採用された人物であったが、大きな期待をかけられていた。前職で大きな成果を出していたと思われていたからだ。

だが実際は、控えめに言っても平凡な人物、悪く言えばリーダーシップに欠ける人物だった。じつのところ、前職での成果は単に運がよかっただけであった。

配属されてきたTさんは、その明晰さで、すぐにリーダーの無能を見抜いた。

リーダーは間違いを指摘されるとすぐに感情的になり、誤りを正そうとしない。また、部下をきちんと指導できず、そのくせ目標だけは高く設定する。

Tさんの最も嫌いなタイプの人物であったのだ。

チームの中はそのような事情もあり、リーダーに反抗的な人たちと、リーダーに従順な人たちの2つに割れていた。

そして、リーダーに反抗的な人たちは、事あるごとにリーダーを攻撃した。

「1週間前の指示は、これでしたよね、メールでもそう書いてありました。言うことをころころ変えるのはやめてもらえませんか」

「上からの指示がちゃんと通知されていないですよね」

「部長にちゃんと話を通してくれるって言ったじゃないですか」


しかし、リーダーに従順な人たちは、彼の無能を知りつつも「ここは会社だから」と、上司に従ったフリをしていた。

むしろ、リーダーを攻撃する人々の悪口をリーダーに吹き込み、彼らの評価を落とさせた。


「彼らに一番足りないのは、素直さですよ」

「リーダーはよく、あんな人たちに頑張って耐えてますね」

「会社の理念と合わないいんじゃないですか？」


当然、チームがこのような状況では成果はあがらない。

その上にいる部長は、そのチームのリーダーに事情を聞いた。リーダーは、「反抗的な人たちがいる」ことを部長に訴えた。

部長はよくも悪くも、「組織の和」を重んじる人物だったため、上に反抗的な彼らに対して悪い印象を持った。

リーダーの訴えは聞き届けられ、1年経って「リーダーへの反対勢力」は低い評価をつけられ、Tさんを含めてほかの部署へ飛ばされた。

Tさんは、さらに不本意な部署への配属となった。

当然、仕事は面白くない。必然的に上司や会社への文句は増える。

いつの間にか、上司からのTさんの評価は「頭は悪くないが、上司に反抗的」が定着してしまった。

もちろん、こういう人物をほしがるチームはない。Tさんは3年ほど在籍したが、出世競争からは完全に取り残されてしまった。

花形部署からは遠ざかり、出世の見込みもない。彼は社内では「負け組」であった。

ここで、Tさんは「この古い体質の会社はダメだ」と転職を決意する。

学歴の見栄えがよく、在籍している会社のブランド力も高い彼は、すぐに転職先が見つかった。

そして、Tさんは外資系の大手企業に転職する。

Tさんは「外資系であれば、古い慣習にとらわれたり、無能な上司の下につくことはないだろう。実力社会ならうまく働ける」と思ったのだ。


ところが、Tさんの思惑は外れる。

たしかに上司は有能であったのだが、周りの人間も非常に優秀であった。

Tさんは前職の3年間、ほとんど実力がつかなかったため、外資系で3年間揉まれてきた猛者たちの中では、まったく目立たない存在となってしまっていた。

Tさんは焦って成果を出そうとするが、独断専行してしまい、クレームをもらうなど、うまくいかない。

Tさんはそんな中、会社に強い不満を持った。

何せ、会社は積極的に彼をサポートしてくれないのだ。

思い起こせば、前の会社ではリーダーは無能ではあったが、成果の出ていない人物に対しては手厚いサポートをするように会社から指示が出ていた。

「教えてくれないから、クレームが出てしまうのだ」

「サポートがないから、仕事がうまくいかないのだ」

Tさんは、そんな不満を抱え込むようになった。

上司は、そんなTさんに「精緻に管理せよ」「成果を出せ」「言われなくてもできるよな」と詰め寄る。

残念ながら、この上司は人間的には非常に冷たい人物だったため、Tさんは徐々に心を病んできてしまい、遅刻や無断欠勤が目立つようになってくる。

Tさんはついに、この会社でも2年と少し勤めたのちに退職することになった。

人事から「退職金を割増しするので、ほかに合っている職を探したほうがいいのでは」と言われたからだ。事実上の退職勧奨であった。

Tさんはちょうどその頃、知人から他社への誘いを受けていたこともあり、それを承諾した。

Tさんの3社目の会社は、その知人が紹介してくれたスタートアップだった。

知人は、Tさんの明晰さと、ブランド企業に勤めていたことを知っており、Tさんをかなり買っていた。

実際、Tさんはその会社で、ひさびさにのびのびとした仕事のやり方を味わい、初めて成果を残すこともできた。

「やっぱり大手よりスタートアップだな」

Tさんは、事あるたびに友人にこう言うのだった。

ところが、1年ほど経つと、徐々に創業社長との関係が悪化してきた。

Tさんは成果を残してはいるが、社長への文句が多かったからだ。「給料が悪い」に始まり、「最近、社長は天狗になっている」「誰のおかげで会社の業績が伸びていると思っているんだ」「オレがいなかったら、会社は回らない」といった発言をしていることが、ほかの人からちらほら社長に報告された。

社長も、これを放置するわけにはいかなかった。

再三再四、社長はTさんに、「会社や上の悪いところを吹聴して回るのはやめてほしい」と要請をしたが、Tさんの悪癖は直らなかった。

Tさんは、「それは事実だろう、事実を言って何が悪い。あらためるのは上のほうだ」と言って、引き下がらなかった。

ついに創業社長は、Tさんに言った。

「君には、この会社は合わないと思う。周りの人が迷惑している。出ていってほしい」

Tさんはその後、フリーランスとなった。声をかけてくれる会社もちらほらあるのだが、最後には皆、Tさんにうんざりしてしまう。

◆

明晰さは、必ずしも輝かしい未来を保証しない。

Tさんのように、しばしば人の悪いところばかりが目についてしまうのである。

そのスタートアップの創業社長は、最後にこう言ったそうだ。

「『人のよいところ』に目がいくようになってくれることを願ってます」

仕事ができないのに、プライドだけは高い社員をどう扱ったらよいか。

会社の人数が100名、200名を超えてくると、どんな会社にも一定の割合で「無能」とみなされている人がいることに気づく。

さらに、「無能だ」とみなされている原因も、ほぼ共通している。すなわち、次の2点である。

- **仕事の質が低い**
- **プライドが高い**

たとえば、ある営業会社において「無能である」とみなされていた人物は、営業上のルール、すなわち与信管理の書類の提出を怠ったり、回収の業務に漏れがあったりと、わかりやすいことで仕事の抜け漏れが生じていた。

これだけであれば、「次回は気をつけるように」という叱責を受け、「はい」で済んでしまうのだが、彼はそうしなかった。

何が致命的かと言えば、彼は自分がミスをしたことについて、言い訳や嘘を重ねてしまうのだ。

「お客さんが必要な書類をなかなか提出してくれなくて……」

「督促はしているのですが……」

やってもいないことを言い、あるいは長い弁解をしてしまう。入社1年も経たずに「アイツはダメだ」という評価となった。

一方、別のweb製作会社においても、1人の社員が上司や先輩を困らせていた。

上司は、「彼、こっちがお願いしたことはきちんとやらないのに、プライドだけは高いんですよ」と言う。

具体的に話を聞くと、上司が依頼したサイトマップやテスト項目の作成など、地味なわりにはきっちりとやらなければならない仕事を任せると、たいていの場合、大きなミスや漏れがある。

上司がそれを指摘すると「これくらいでいいと思っていました」と言い訳を始める。

一方で、「早くディレクションの仕事や、提案の仕事をやらせてくださいよ」と、彼は上司に言ってくる。

上司が「基本的な仕事ができないのに、もっと重要な仕事が任せられるわけないだろう」と指摘すると、彼は「はい」と返事はする。

しかし、どうも話を聞いていないようであり、また同じようなミスを繰り返す。

◆

仕事の質が低く、プライドが高い「困った」社員の話は、枚挙に暇《いとま》がない。

当然、こういった「無能」とみなされている社員への対処は、さぞかし冷たいものだろう……と思うかもしれないが、意外なことにほとんどの会社で上司や先輩は「なんとかこの人に変わってほしい」と願っている。

「採用してしまった以上、なんとかしたいとは思いますが、正直、彼のためにけっこうな時間がかかるんです。そのかけている時間がもったいないです」

と、ある上司は言う。そして、こう言って苦笑いをした。

「その時間を、ほかの有能な人物にかけることができれば、もっと成果をあげることができるんですが……」

上司たちの困惑の本質的な部分は、いわば次のように言える。

「技術的なことは教えられるが、プライドが高くて人の言うことを聞かないのだけは、直しようがない」

言い方を工夫したり、彼らが一定の成果をあげることができるように標準化したルールなどを設けるが、結局のところ本人たちの態度が変わらなければ、効果も限定される。

では果たして、彼らに対してどのように接するべきなのだろうか？

じつは、彼らを変えることができたという会社のほとんどは、「厳しく、冷たく」という方針を貫いている。

ある会社では人事の方針として、はっきりと今のままでは見込みがないことを伝え、一定の成果をあげていた。

具体的には、こう本人に告げる。

「現在の仕事の品質では、うちに何十年いても成果は出ないでしょう。態度をあらためるか、最低の給与でズルズルといくか。決めるのはあなたです」

また、別の会社の方針では、とことん簡単な仕事しかやらせないという。

「まあ、要するに雑用として使います。ただ仕事の質が信用できないので、使えるのは単純な作業だけですけど。もちろん残業もさせません」と、マネジャーは言う。

さらに彼はこうも言い、ドライだ。

「別に、仕事ができなきゃいけない、という法はないんですよ。できない人はどうしたってできないんです。別にこちらも期待しなければ摩擦は起きない。ヘタに期待するからダメなんですよ」

「彼らから不満は聞こえてきませんか？」と私は聞いた。

「もちろんありますよ。その場合はまたチャレンジさせます。変わらなきゃ元に戻します し、変わってくれれば、いつでも引き上げます」

「なるほど」

「結局、彼らは一度も冷たくされたことがないんですよ。おそらく今までは誰かが常に助けてくれたんでしょう。甘ったれてるんです。そういう人をこちらから助けちゃダメなんですよ。だから私は絶対に甘やかさない、とことん冷たくして、チャレンジしたいという人だけ向き合います」

世の中的には、今は優しい上司が増えているという。だが、彼らの「甘やかしたり、助けたりしちゃダメなんですよ」という言葉は、重く響いた。

ここは会社だし、あなたは大人なんだから、「感想」ではなく「案」を出せ。

コンサルティング会社で働いていたとき、隣で仕事をしている人から、こんな相談があった。

「仕事で、どうも合わない人がいるんだ」

「なぜ？」

「んー、なんと言ったらいいか……。何かを依頼すると、まず否定から入る」

「具体的には？」

「たとえば、セミナールームの席の配置を、表のとおりに変えておいてほしい、と依頼したとする。『わかりました』と素直に言えばいいのに、いつも彼は『この配置、使いにくくないですか？』と難癖をつけてくる」

「よくとらえれば、改善案を一生懸命考えてくれるのでは？」

「いやいや、イラつくよ。『じゃ、どうすればいい？』と聞くと、『なんとなく使いにくいと思っただけです』って言って、肝心の改善案は出さないんだから」


なんとなく厄介そうな案件である。


「ほかには？」

「議事録をお願いしたんだけど、『議事録なんて、誰も見ないですよ』と言うんだよ。『わかった、じゃあ本当にいらないかどうか、部長と課長に聞いてほしい』と言うと『ちょっと思っただけです』と逃げる。なんか、イライラするんだよね。彼と仕事するの」

「あー、なるほど……」

「で、ついにこの前、イラッときて、彼にガツンと言ったんだ」

「なんて言ったの？」

「ここは会社だし、あなたは大人なんだから『感想』ではなく『案』を出してって」

「そうしたら？」

「別に感想なんて言ってないです。『選択肢の1つを言っているだけです』ってさ」

「ほう」


たしかに昔、そのような人物と出会った覚えが私にもある。彼らは概ね次のような特徴を持っている。

- **調べるのは得意**
- **依頼されると、素直に「はい」と言えず、ひと言必ず難癖を言ってしまう**
- **責任者にはなろうとしない**
- **議論をかき回す**

それゆえ、彼の言う「感想ではなく、案を出せ」という言葉は、それなりに的を射ている。噛み砕くと、「感想は、好き嫌いという感情の判断を述べること。案はメリット・デメリットという論理の判断を述べること」と言えるからだ。

そして、会社や仕事で、好き嫌いでしかものが言えない人は、このエピソードのように疎まれる。

好き嫌いでものを判断してしまうことを、ダニエル・カーネマンは『ファスト&スロー』の中で、心理学者のポール・スロビックによる好き嫌いによって判断が決まってしまう「感情ヒューリスティック（affect heuristic）」の存在を紹介している。[*5]

たとえば好みの党派だというだけで相手の主張に納得するのは、その一例である。あなたが現政権の医療政策に満足していたら、この政策は便益が大きく、費用も他の政策に比べ割安だと判断するだろう。他国に対して強硬姿勢に出る人は、おそらく、他国は自国より弱く、こちらの意志に従うと考えている。弱腰の人は、他国は自国より強く、そう簡単には譲歩しないだろうと考えている。放射能で汚染された食品、赤身の肉、原子力、タトゥー、オートバイといったものに対するあなたの感情的な見方が、そのままこうしたもののメリットやリスクの判断につながる。たとえば赤身の肉が嫌いな人は、「固いし栄養もない」などと言い張るだろう。

何かを人に依頼されたとき、「依頼者が嫌い」とか「言い方が気に食わない」というだけで、その人の提唱する案はすべて意味がなさそうに見える、というのは「感情ヒューリスティック」である。

「好き嫌い」は人間の根源に根ざしているゆえ、仕事においては感情をうまく扱わないと非常に厄介なことになる。

たとえば、会社や仕事が大嫌いな人（あるいは大好きな人）の言うことは、意見にかなりのバイアスがかかっており、ほとんど信用に値しない。

コンサルタントをしていた頃、このバイアスをどうやって判断するかは1つの重要な仕事だった。

そんなとき、私は「あなたの好き嫌いに興味はありません」とはもちろん言えないので、「メリットとデメリットの両方を教えていただけますか?」と聞いていた。

メリットしか挙げられない、もしくはデメリットばかりを強調する人は、たいていは強いバイアスにとらわれているので、その意見は保留することが正しい態度である。

会社や仕事で何か意見をするときには、この「感情ヒューリスティック(つまり好き嫌い)」には十分気をつけ、極力メリットとデメリットの両方について意見を言うことが作法だ。

たとえば、次のような具合だ。

「セミナールームの配置がスクール形式になっているのは、◯◯というメリットがあるので、今使われていると思いますけど、××というデメリットが大きいので私はワークショップ形式がよいと思います。この場合、デメリットは△△がありますけれど、□□というメリットがあります。いかがでしょうか?」

周りの人に余裕があって優しいときは、あなたがワガママに好き嫌いを言っても、聞いてくれるだろう。

だが、結果的には徐々に疎まれ、無視されるようになる。くれぐれも気をつけたほうがいい。

問題を指摘するだけで改善案を出せない専門家、「重箱の隅おじさん」の話。

案を出さないのは、社内の人間だけにかぎらない。

つい先日、あるwebマーケティング会社の方々から、「社外の専門家を雇ったのだけど、本当にうんざりした」という話を聞いた。

私は「なぜ?」とお聞きした。

「とにかく仕事ができないので、チームの雰囲気を悪くする」

しかし、当然ながら「仕事ができない専門家をなぜ雇ったのか？」という疑問が浮かぶだろう。

私はそれを聞いた。すると彼らは、こう言った。

「いや、知識だけはすごいあるんですよね。分析ツールとか、統計とか。異常なほど詳しい。本も出したりしている」

「なるほど。では、なぜ『仕事ができない』と感じたのですか？」

「その人さ、問題を指摘するだけで、全然、改善案を出せない専門家なんですよ」

「そういうことですか」

「たとえば、webサイトを見て、あそこが悪い、ここもダメ、っていう指摘はめちゃめちゃうるさいんですよ。でも、『じゃあどうすれば改善できますか？』と聞くと、何も出てこないんです」

「なるほど」

「しかも、異常に細かい部分にこだわるんです。サイトの全体設計の話をしているときに、ボタンの位置やレポートのフォーマットの話とか、『今そこじゃねーだろ』って、ツッコミたくなるわけですよ」

◆

そう言えば、私も同じような経験をしたことがある。

ある会社のコンサルティングに携わり、営業の業務改善のためのミーティングで、「引き合いの分析」をしていたときのことだ。

過去数か月分にわたる引き合いの一覧表を、まだ若い管理職がグループの皆に配布し、尋ねた。

「受注率を上げたいと思っているのですが、過去の失注したお客さんに何か傾向はないですか？」

すると、1人のベテランの営業マンがすかさず、

「ここの漢字が間違ってますね」

「このシート見にくいですよね」

と、表のフォーマットにケチをつけ始めた。

その若い管理職は落ち着いて「何が見にくいですか?」と聞いたが、そのベテランは「いや、見る人のことを考えたら、もう少しスッキリさせるでしょ」と言うだけ。

若い管理職は「具体的にどこを直せばいいですか?」と聞くのだが、そこに意見は言わない。

その若い管理職は内心はイラッときていたと思うが、表情には出さずに「フォーマットはあとで直します。失注したお客さんについて気づいたことは……」と再度皆に聞き直す。

しかし、さきほどのベテランは再び、「あ、このお客さんの担当、別の人ですよ」と、本筋とは関係のない指摘をする。皆はうんざりしており、場の雰囲気はひどいものになってしまった。

◆

このような人は、どの会社にも何人かはいるのではないだろうか。

傾向として、次のような特徴がある。

・知識だけはあるが、成果につながる本質的な話ができない

・プライドが高く、人のやっていることに対して指摘は多いが、自分の意見は（批判されたくないので）出さない

とくに、40代、50代の男性に多く見られるので、私は彼らを「重箱の隅《すみ》おじさん」と呼んでいる。もちろん、これはオジサンにかぎるものではないが、なんとなくそういう傾向は見てとれる。

「で、そのwebマーケティングの専門家の方、どうしたんですか？」と私は聞いた。

「役に立たないだけでなく、会議の邪魔をするんで切っちゃいました。皆の気分を悪くするだけの人なら、知識があっても邪魔ですよね」

「人の失敗を予言するヤツって、マジ無能だよな」と言う知人の話。

一緒に飲んだ知人が、こんなことを言っていた。彼は少し酔っていたので、饒舌《じょうぜつ》だった。

「人の失敗を予言するヤツって、マジ無能だよな」

「なんの話？」

「いや、新規事業とか、新商品とかさ。『あれは失敗する』ってドヤ顔で言うヤツいるじゃない」

「いる。昨日も見た。『あれはうまくいきませんよ』って言う人たちでしょう？」

「そう、それもそう」

「なんで無能なの？」

「当たり前のことを言って、人の気分を悪くさせるだけだから」


私は聞いた。


「未来の予言はするなってこと？」

「まあ聞けよ。オレは予言しちゃいけないなんて、ひと言も言ってない」

「じゃあ、何？」

「失敗を予言するのは、スッゲー簡単、ってこと」

「もっと、具体例を教えてくれない？」

「たとえば、アップルウォッチの失敗を予言したヤツ。『これは売れない』とか言ってた評論家は信頼できない」

「……なんで？」

「とりあえず、新製品が出たら『これは売れない』ってゴタクを並べて言っときゃいいんだよ」

「……ああ、そういうことか」

「やっとわかった？　そういうことだ」

つまり、彼が言いたかったのはこういうことだ。

新しい試みは、基本的に失敗する可能性のほうがはるかに高い。だから、「新しい試み」に対しては「これは失敗する」って言っておけば、だいたいその予言は当たる。

彼は皮肉たっぷりに言う。

「難しい顔をして、失敗例を持ってきて、『むー、これは売れませんな』って言っときゃ、これで9割は当たるね。評論家って、そういう職業だろ？」

「まあ、そうじゃない人もいるかもしれないけど……」

「ああ？　そんなヤツ見たことねえよ」

まあまあと、私は彼をなだめる。

「だから、オレは『失敗』しか予言しないヤツは、絶対信用しない。オレでもできるからな。聞きたいのは『これはうまくいく』っていう予想と、その理由だよ」

「当てられる人っているの？」

「いや、当たらないだろ。普通」

「ダメじゃん」

「アナリストや評論家の予言が当たったかどうかを調査したら、ほとんどはデタラメだった、っていう話、あったよな？[*6] 予言なんて、当たらないんだよ。それでも予言するのは、強い思い入れがあるか、金をもらってるかどっちかだな」

「……なるほど」

「いるんだよ、4Kテレビはうまくいかない、IoTはうまくいかない。うまくいかないことだけ予言するヤツ。だから、そういうヤツがいたら、今度聞いてみな。『何がうまくいくんですか？』って。まあ、当たらないと思うけど」

「なるほど」

◆

彼は話したいだけ話すと、寝てしまった。

「未来はわからない」と、「マネジメントの父」と呼ばれる経営学者のピーター・ドラッカーは言っていた。我々ができるのは「すでに起こったことを観察すること」だけなのだと。*7

「失敗するよ」と言う外野を気にする必要はない。「そんなの知ってるよ」と返すだけでいいのだ。

上司がモチベーションを下げる天才だった。

「あの上司は、モチベーションを下げる天才でした」

と彼は言う。

「別にモチベーションを上げてくれ、とか面倒を見てくれ、とか、そんなぜいたくは言うつもりはありません。ただ、真面目に仕事をしている人の邪魔をしないでほしいんです」

とも言う。彼は、ある営業会社にいたのだが、あまりにひどい上司のマネジメントに嫌気が差し、このたび転職を決めたという。

私は彼と飲みながら、もっと話を聞きたくなった。


「そんなにひどかったんだ」

「ええ、本当にひどかったです。おまけに『自分はデキる上司だ』と思っているから余計にたちが悪い」

「うーん……。うちのはひどい上司って、皆言うけど、実際、本当にひどい上司って、実際にはそれほど多くない気もするけど」

「いや、僕も他社の状況は知りませんよ。でも、この話を聞いたら、そうは言えないと思います」

「じゃあ、聞かせてください」


彼はうなずいた。


「まず、配属された当日、ちょっとおかしいな、と思ったんです」

「何が？」

「上司の言っていることがですよ」

「何を言っていたの？」

「一部の部下のことを『ちゃん』づけするんですよ。たとえば、ヤマちゃんとか、たかちゃんとか。でも、その2人以外は、呼び捨てでした」

「……よく事情が飲み込めないいんだけど」

「いや、僕もそうでした。少し経って気づきました。要するに、お気に入りの部下だけ『ちゃん』づけなんですよ。あそこまであからさまなひいきは珍しいのではないかと思いますけど、社長が同じことをしていたので、半ば公認でした」

「わかりやすいひいき……ですか」

「意図的なのかわからないですが、呼び方や口調のほかにも、昼食を一緒にとるかとらないか、会議で詰めるか詰めないか。そういったこと、すべてでひいきがありました」

「なるほど……」

「だから、社員は『いかに上司と仲よくなるか』しか考えなくなるんですよ。上司に気に入られている度合いで、部署内にヒエラルキーができるんです。あれはひどかったです」

私は過去に訪問した会社に想像を巡らせた。そして、たしかにそれに類する会社が一定数あった。

「それで、次に変だと思ったのが、上司に相談すると不機嫌になる、っていうことです。たとえば、お客さんからちょっと無理な要求を言われたとするじゃないですか」

「はい……」

「困って上司に相談すると、『そういう面倒なことを、なんでオレのところに持ち込むんだ。おまえの責任だからなんとかしろ』って言われるんですよ」

「部下の困っていることを助けるのが上司では？」

「私もそう思っていたんですが、彼の言い分は『オレが言ったとおりにやらないから、トラブルを起こすんだ。自分でなんとかしろ』なんですよ」

「そこまでくると、なんか笑えるね」

「要するに、『絶対に問題を起こすな』っていう態度なんです。これは社長も同じでした。社長も何か問題が起きると、状況を聞くよりもまず怒るんですよ。『なんで、そんな問題を起こしたんだ！』って」

「そりゃ、失敗が怖くなるね」

「そうなんです。毎日、上司の顔色ばかり見て仕事をしてました」

たしかに、これも「あるある」かもしれない。トラブルを部下に押しつける上司は、部下にとってみれば悪夢だろう。

「まだあります。さっきも言いましたが、上司は自分は仕事がデキる、って思ってたんですよ」

「デキる人なら、まだ救いがありそうな気もするけど」

「と思うでしょう。ところが社長の機嫌をとるのはうまいんですが、実際は何もしない人で。皆、それをわかってました。でも、社長が『おまえは、デキるヤツだ』って言ってるんでしょうね。勘違いしてしまっていて」

「そりゃひどい」

「そうなんです。でも、お客さんからは嫌われてましたし、社外の人脈も皆無でした。単なる内弁慶ですよ。社外からの評価が得られないからこそ、社員に威張りたくなるんでしょうね」

「どんな感じで威張るの？」

「とにかく説教が長い。『おまえのためを思って叱ってるんだ』なんて言うんです。アホくさくて聞いてられませんよ。あと、社長の前では異常に社員に厳しいんです。社長に『部下をきっちり叱ってます』というアピールがしたかったんでしょうね」

「……。なるほど、ちょっと下につきたくない上司だね」


彼は、またうなずいた。


「でしょう。あとはなんと言っても、部下の話を聞かないところですかね」

「ああ、いるね」

「あの上司はとくにひどくて、人の話をさえぎる。関係ない話を始める。すぐにマウントを取りたがる。しかも、話を聞かないだけじゃなくて、人をなんというか……、とにかく尊重しないんです」

「へえ」

「ワンマン社長でも、中には人の話を聞く人はいます。でも、人の話をさえぎったり、なぜか部下に張り合って『オレのほうがスゴい』という話をすぐに始めたりするのは、病気としか思えないですよ」

「なるほど。まあでもたしかにいるね。そういう人」

「そうでしょう。それを『部下の話を聞かない』という言葉で片づけていいのか、若干言葉が足りない気もします」

「うん。たぶん器が小さいんだな」

「かもしれません」


彼は、にっこり笑って言う。


「まあ、でも上司としてやっちゃいけないことが全部わかったので、いい勉強にはなりましたけどね」

「ポジティブだね」

「からかわないでくださいよ。あ、そういえば、あと1つひどい点がありました」

「何？」

「その上司、すっごい学歴コンプレックスがあったんです」

「誰も気にしてないのに、『オレは○○大で、頭が悪いからさ』とか言うわけですよ。こちらはもうあきれて、モノも言えないです」

「なるほど」

「で、学者とか大学とかに偏見があるんですよ。たとえば、エビデンスを示したりすると『頭でっかちだ』とか『理論と実践は違う』とか、必死に抵抗するんです」

「イメージが湧いた！」

「で、さらに言うと、ＩＴとかにもスゴい偏見があって、『ＳＮＳをやるヤツはリアルなつながりを大事にしない』とか真顔で言うんです。どうなってんだって感じです」

「まあ、保守的な人もいるからね」

「その会社の営業は、気合と根性が一番で、効率よくやるのはダメなんです。だから、長時間労働しないと気に入られない。偏見が強すぎて、不条理な上司って、本当にモチベーションを下げますね。ま、そんなとこです」

「転職できてよかったね」

「……本当ですよ」

いくら正しくても、敵視され、殺されてしまう。

どの会社にも、どんなコミュニティにも一定数、「失礼な人たち」がいる。

「失礼」は抽象的な表現であり、相対的なものなので、当然、ある人が失礼だと感じることが、ほかの人にはそうではないことがたくさんある。

だが、「失礼」はたしかに存在している。

『論語』によれば、「失礼」というのは、慎《つつし》みと敬意がない、ということである。[*8]

たとえば、インターネットではよく見かけるが、相手に「バカ」「無能」と言ってしまうのは、失礼にあたる。

同じように、誰かが間違ったことをしたときに、皆の目の前で「間違っている」と批判することも、失礼な行為だ。

◆

以前、こんなことがあった。

その企業は小さなシステム開発会社で、ワンマン経営をしている社長がいた。

そして、その社長は思い込みの強いタイプで、会議でよく間違ったことを言った。たとえば、こんな具合だ。


「ソフトの品質が悪いのは、仕事への思い入れが足りないからだ！」


現実的には、ソフトの品質は思い入れの問題というよりは、マネジメントの問題なのだが、社長はそう考えていなかった。

すると、ふだんからそういった精神論を苦々しく思っていた、若手のプロジェクト・マネジャーが言った。

「社長、精神論よりも、ちゃんとプロジェクト・マネジメントの手法を勉強してください」

その場は凍りつき、社長は激昂《げきこう》した。

「そういう責任のすり替えが、よくないと私は言ってるんだ！！！！」

そのプロジェクト・マネジャーは社長の激昂ぶりに驚いたのか、「すみません」と謝ったので、その場は収まった。

面白いことにその後、社長はプロジェクト・マネジメントのやり方をあらため、品質は向上した。

若手のプロジェクト・マネジャーの言うことに一理ある、と思ったのかもしれない。

だが、その社長に「楯突いた」プロジェクト・マネジャーはその後、冷遇された。

社長は彼のことを、明らかに嫌っていた。「小賢《こざか》しい」という表現が、彼の評価だった。

私はそれを見て、「失礼だと思われること」の代償を痛感した。

社長はたしかに思い込みが強く、マネジメントという観点では無能だったが、彼を公然と批判することの代償は非常に大きかったのだ。

その若手のプロジェクト・マネジャーは、のちに会社を去った。

◆

残念ながら「正しいこと」をそのまま伝えると、「失礼」になることも多い。

・データがこう言っています

・論理的には、こちらが正しいです

・筋が通ってないですよね

・法律違反ですよね

しかし、こういった「正しさ」を、間違っている人にぶつけても、たいていは物別れに終わる。

しかも、敵視される。

「話せばわかる」という言葉は美しいが、残念ながら、人間同士は話してもわからないのである。

なぜなら、**人間は失礼な人の言うことは、正しくても聞きたくない、と思うからだ。**

ソクラテスが殺されてしまったのは、正しさをぶつける「失礼な人だった」からである。[*9]

では、「間違っている人たち」と、どのようにコミュニケーションをとればよいのだろう?

話してもわからない他人と、話し合う方法はあるのだろうか。

◆

私が在籍していたコンサルティング会社で、「上司に物申す」のが非常に上手な人がいた。

彼が徹底していたのが、「相手のプライドを傷つけないこと」である。

彼は意見を言うとき、相手が間違っていても、必ず「◯◯さんの言うことは正しいと思います」とつける。

「ついでに、私の言っていることも、判断してもらえないですか？」と、相手に主導権を握らせる。

そして何より、**彼は、どんな相手にでも、たとえ嫌いな上司であっても、敬意を欠かさなかった。**

どんな相手でも、その人の言うことに一理を感じ取ろうとする、その仕草が、コミュニケーションを、成立させていた。

マネジメントの権威のドラッカーですら、「礼儀は重要」と説く。[*10]

不作法を許してはならない。若い人は礼儀を偽善として嫌う。実質が重要だとする。雨が降っているのに「グッドモーニング」というのはおかしいという。

だが、動いているものが接触すれば摩擦が起こるのが自然の法則である。礼儀とはこの摩擦を緩和するための潤滑油である。若い人にはこれがわからない。昔は親にぴしゃりとやられたものである。必ずしも好きになれるとは限らない者同士が共に働くには、礼儀が必要である。大義は礼儀を不要にしない。無作法は人の神経を逆なでし、消えることのない傷を残す。逆に礼儀がすべてをよい方向に変える。

「正しさ」は、差し出し方とともなって、初めて意味を持つ。

「私の言っていることは正しいから、相手を無礼に扱っても大丈夫だろう」などとは、ゆめゆめ思ってはならない。

そのことを忘れたとき、「正しさ」は単なる「傲慢」に堕ちる。

第2章

「なぜ、バカな振る舞いをしてしまうのか」を行動経済学・心理学から見る

なぜ、「何を言ったか」よりも「誰が言ったか」のほうが圧倒的に重要なのか。

私が知るかぎり、最も人心掌握に秀でたマネジャーの1人は、あるシステム開発会社のMさんだ。

と言っても、Mさんはとくに人望があるわけでも、人徳が高いわけでもない。そういった定性的な話ではない。もっと実務的なのだ。

じつは、彼が人心掌握に優れていると判断する理由は、「人を動かすこと」の巧みさゆえである。

私が言わないほうがいい、彼に言ってもらおう

私がMさんの人心掌握術の巧みさを知ったのは、「情報セキュリティ対策プロジェクト」のときだった。

ご存じの方も多いと思うが、セキュリティ対策はさまざまな日常の手続きを煩雑化することがある。

たとえば、お客さんとの情報のやりとりに関する制限がかかったり、記録をつけなければならなかったりなどだ。

Mさんの部下も例外ではなかった。

現在進行中のプロジェクトの情報のやりとりに問題がある、とセキュリティ監査で指摘され、その改善策として上から提示されたルールが、かなり煩雑なものだった。

とくに、Mさんの部下の1人のAさんは、その改善策の導入にはかなり消極的だった。

Aさんの様子を見て、ルールをきちんと導入するには、何らかの罰則や、厳しめのルールが必要なのではないか、そんな議論も出た。

Mさんはそんな状況を見て、私にそっとささやいた。

「どうやらAさんには、私が言わないほうがいい。彼に言ってもらおう」

Mさんが指名したのは、まだ3年目の若手だった。その若手に、「Aさんを説得してくれ」と、Mさんは頼んだのだ。

その若手は最初とまどったが、「わかりました」とそれを引き受けた。

「何を言ったか」よりも「誰が言ったか」のほうが圧倒的に重要

驚くべきことに後日、Aさんはそのルールをきちんと守るようになった。どうやら、若手による説得が功を奏したようだった。

私はMさんに、「なぜあの若手の方に説得を依頼したのですか？」と聞くと、Mさんは言った。

「Aさんは天邪鬼だから、上の言うことは聞かない。でも、決して理がわからない人ではない。そこで、Aさんと仲のいい若手にお願いした。最近は一緒に釣りにも行っているみたいだから」

私はそのとき、「何を言ったか」よりも「誰が言ったか」のほうが圧倒的に重要、という現実をまざまざと見せつけられたのだった。

そしてこの経験は、のちのコンサルティングに大きく活かされることになった。

企業には本当にさまざまな人物がいて、中には「コンサルタント」というだけで、毛嫌いする人もいる。

そういう人には、いくらコンサルタントの私から正当性を訴えたところで、逆効果なのだ。

その場合は、ターゲットとする人物と親しく、敬意を抱く人物をまず探し、その人物にアプローチすることから始める。

「将を射んと欲《ほっ》すれば先ず馬を射よ」は、現代でも有効な格言だ。

なぜ「誰が言ったか」が重要なのか。

しかし、私はなぜこのような非合理がまかり通るのか、長いこと不思議に思っていた。客観的に考えれば「何を言ったか」と「誰が言ったか」は、関係がないはずである。

たとえば、「選挙に行こう」という言葉は、民主主義国家において重要であることは、誰でもある程度理解できるから、この呼びかけの重要度は「誰が言ったか」とは関係がないはずである。

しかし、現実はそうではない。

アレックス・ペントランドの『ソーシャル物理学』によると、2010年の米国連邦議会選挙においてフェイスブックとカリフォルニア大学サンディエゴ校の研究者たちが、ある実験を行ったという。[*11]

6100万人のフェイスブックユーザーに対し、「投票に行こう」というメッセージを複数のバージョンで送り、その反応を分析した。

たとえば、一部のユーザーには「投票に行こう」というメッセージだけを送った。いくらかのユーザーは投票に行ったが、影響力はがっかりするほど小さなものだった。[*11]また、別のユーザーには、「投票に行こう」というメッセージだけでなく、すでに投票を終えた友人の顔写真を表示した。すると、メッセージの動員力は4倍にまで改善された。[*11]

つまり、人は「メッセージ」だけではモチベーションを高めるには不充分であることを、この実験は示している。

直接的交流が、信頼できる協調的な態度を促すには不可欠なのだ。

さらに、アレックス・ペントランドは追加の実験によって、この交流による圧力は「お金で釣る」などの市場型インセンティブに比べてもおよそ4倍の効果、最も親しい人に対しては8倍の効果があると実験によって示したのだ。[*11]

これらの「人間関係」を用いた影響力の行使は、さまざまな用途が考えられる。たとえば、アレックス・ペントランドは「省エネの意識」にも、このソーシャル・ネットワークのインセンティブが使えることを示している。[*11]

最初の実験では、持ち家の居住者に対してソーシャル型のフィードバックを与えた。自宅の電力消費量と、ほかの平均的な世帯の消費量とを比較できるようにしたのである。比較する相手が国全体における平均の場合、人々の行動は変わらず、省エネ行動もほとんど見られなかった。

しかし、比較する相手を周囲の近隣世帯にしたところ、行動の変化が起きた。[*11]つまり比較する相手が自分とどれだけ近い関係であるかが重要なのだ。これこそ、ソーシャルネットワーク効果である。

人は「仲間」を信用し、「他人」を信用しない。

アレックス・ペントランドは、こう結論づけている。「人は仲間の言うことは信用するが、他人は信用しない[*11]」。

多くの人々が政治家や弁護士一般を不審に思う一方で、個人的に知っている政治家や弁護士個人に対しては信頼感を抱くのは、それが理由である。

これは、集団間に差別意識をもたらすものであり、ときには集団間の抗争にまで発展する。

多くの人が、「誰が言ったか」を重要視する理由は、我々の脳の機能に「誰が言ったかを重視せよ」というプログラムが組み込まれているからである。

「正しいことを言えば、皆わかってくれるはず」というのは、人の本質を知らない、愚かな言動だ。

冒頭のMさんはとくに人望がある人ではなかったが、人望の本質はよく理解していた。だから、人心掌握に長けていた。

そう、**「人望」の本質とは、「仲間意識を得る能力」ということだったのだ。**

人は「自分の信念」に反する事実を突きつけられると、過ちを認めるよりも、事実の解釈を変えてしまう。

先日、ツイッターを見ていたら、あるアカウントが「論理の間違い」を指摘されていた。

「そこは因果関係ではなく、相関があるだけですよ」と、指摘されたのだ。

だが、客観的に見れば、指摘はまっとうで、非難めいた口調でもなく、丁寧な指摘だった。

ところが、そのアカウントの主は怒った。「私が言いたいのは、そのようなことではない」と、指摘した人をブロックした。

◆

親戚が、私の家に来てくれたときのこと。

その方は、親切で、人の世話を焼くのが大好きなタイプだ。非常に献身的で「子どもたちのために、スープをつくりたい」とわざわざ遠くから来てくれて、料理を振る舞ってくれた。

ところが、子どもたちがスープをあまり飲まない。「味が変」と言うのだ。その方は「好き嫌いはダメだよ！」と子どもたちに言うのだが、結局、子どもたちはスープを残してしまった。

味をみた妻が「これちょっと酸っぱくない？」と指摘したところ、少し怒らせてしまったのか「いつもと一緒」と一蹴されてしまった。

そして、妻はその原因にあとで気づいた。ゴミ箱をのぞくと、「牛乳」の代わりに、「飲むヨーグルト」の紙パックが捨てられていたからだ。

◆

「間違いを認めない」のは、個人だけではない。組織や、制度も同様である。とくに「権威」を重視する、警察制度、法制度などはとくにだ。

英国のジャーナリスト、マシュー・サイドは『失敗の科学』で、次のように指摘している。[*12]

このような失敗の数々は、どこで間違いが起こったのかを特定し、司法制度の欠陥を精査するいい機会になる、と普通なら思う。しかし、警察・検察・裁判官の姿勢はまったく違う。彼らは自分たちと異なる意見はまるで受け付けない。「司法制度は完全無欠であり、それに異議を唱えることこそ思い上がりだ」と考えている。
（中略）
ミシガン大学ロースクールのサミュエル・R・グロスの研究によれば、次のような統計が出ている。「死刑囚ばかりでなくどんな受刑者に関しても、もし同じように冤罪を晴らす活動が行われていたとすれば、（アメリカ国内の）死刑囚以外で無実が証明される件数は、ここ15年間で2万8500件にのぼっていただろう。しかし現実は255件にとどまっている」

マシュー・サイドは「多くの場合、人は自分の信念と相反する事実を突きつけられると、自分の過ちを認めるよりも、事実の解釈を変えてしまう」と述べている。

これを、心理学の分野では「認知的不協和」と呼ぶ。

◆

かつて私がいたコンサルティング会社の上司は、仕事において、天才的なコミュニケーション能力を持っている人だった。

彼は「言い方が重要」と事あるごとに言っていたが、その「言い方」に関するノウハウは教条的ではなく実務的だった。

そして、その中で、最も彼が強調していたことの1つは「経営者に、会社の課題をストレートに指摘してはならない」だ。

だが、私は不思議だった。コンサルタントという職業は、会社の課題を指摘して、それを解決することで報酬を得る職業ではないかと。


それを上司に言うと、彼はこう言った。


「では、人事評価の面談で『あなたの欠点は同僚からの信頼がないところです』と言われて、『そうですね』と素直にそれを受け入れますか?」

「それは……」

「私たちは、経営者に同じようなことを言おうとしているのですよ。とくに会社の経営者、役員は間違いを指摘されることに慣れていません」

とくに人前では、「なんでも言ってほしい」という言葉を決して信じてはいけないと、私は上司から教わった。

仮にその場はうまく収まったとしても、「過ちを指摘したこと」は絶対に忘れてもらえないのである。

かつてGMのトップだった、アルフレッド・スローンは、懐の深い人物だったようだ。インタビューに来たドラッカーにこう言ったという。「正しいと思われたことはそのままご提案ください」。

しかし、そのスローンですら、こうドラッカーに告げている。*13

五〇年もトップにいると、何でもわかった気になってしまいます。したがって、裸の王様になっていないか確かめる必要があるんですよ。中の者はなかなかいってくれませんのでねつまり、部下は、スローンの懐が深いと知っていても「ストレートに指摘」は避けていたのである。

◆

まとめると、次のようなことが言える。

1　人は、基本的に間違いを認めない。事実の解釈を変えるほうが得意である。

2　間違いを指摘すると、「私は嫌われている」「この人は失礼だ」と解釈されてしまう可能性もある。

とくに、2つ目は致命的だ。

インターネット上で罵《のの》り合うだけであれば大した影響もないが、会社組織やチーム内でこれら2つが発生することは、なんとしても避けなければならない。

それが、病院や交通機関であれば、人命に関わることすらある。

だから、知的労働をする会社は、「間違いを認める風土」を持たなければならない。場合によっては、トップが率先して積極的に間違いを認め、間違うことが学習と改善につながる貴重な機会である、と認識する風土をつくり出す必要がある。

そして、それを可能にした組織は、非常に強い。

たとえば、グーグルが高度な知的人材を惹きつけてやまないのは、元CEOのエリック・シュミットらが『How Goole Works』で語っているように、じつはこの「風土」によるものが大きいのではないか。[*14]

残念ながら、経験イコール説得力のある主張とされる企業が多い。能力ではなく、勤続年数で権限が決まるこうした会社は「勤続年数至上主義」とでも呼ぶべきか。これを聞いて思い出すのは、かつてネットスケープのCEOだったジム・バークスデールの言葉だ。「データがあれば、データを見よう。それぞれの個人的意見しかなければ、私のを取ろう」

ダース・ベイダーがフォースの力で一方的に自分に楯突く者のノドを締め上げ、さっさと惑星を破壊できた時代が懐かしくなるぐらいだ。

私はかつて、コンサルタントとしてさまざまな会社に出入りし、「間違いを認めない組織」を数多く見た。

そこでは、地位が高い人も、地位が低い人も、ベテランも新人も、等しく間違いを認めず、指摘をすれば怒る。

しかし、プライドは守られるが、事態は変わらない。

逆に、私は「積極的に間違いを認める組織」も数は少ないが見てきた。そこで重視されていたのは、真の意味での「知的能力」、すなわち「メンツ」や「プライド」ではなく、「実効性」と「勇気」を重んじることだった。

もちろん、前者は徐々に衰退し、後者は発展する。それが世の理《ことわり》というものだ。

「話の噛み合わない人」は何の能力が不足しているのか。

世の中にはさまざまな人がいるが、その中には残念ながら「話がまったく噛み合わない人」がいる。たとえば、こんな具合だ。

上司：「昨日、顧客の訪問が3件あったと日報に書かれているけど、今期の受注につながりそうな成果があれば、報告してもらえる？」

部下：「あ、1つ困ったことがありまして。お客さんから会社の概要について詳しくわかる資料はないか、と聞かれたんですよ」

上司：「（成果を報告しろと言ったのに……）会社案内なら、この前、発注をかけたので、後ろの棚に入ってるよ」

部下：「いえ、あれじゃダメなんです」

上司：「なぜ？」

部下：「違うのがほしいということでした」

上司：「（は？　質問に答えろよ……）いえ、私が聞いているのは、『なぜダメなのか』だから、理由を教えてもらえる？」

部下：「うちの会社案内、サービスの案内が不十分だと思うんですよね」

上司：「あなたの意見ではなく、お客さんがなんと言っていたかを教えて」

部下：「ですから、違うのがほしいと」

上司：「（イライラ）いや、お客さんが、なぜこの会社案内がダメだと言っていたのか、聞いてないの？」

部下：「えーと、さっきも言ったとおり、サービスの案内が不十分だったと思いますが」

上司：「（イライライライライラ）だーかーらー、あなたの感想ではなく、なんてお客さんが言ってたの？」

部下：「あ、それは聞いてません。でも、たぶんサービスの案内のせいだと思います」

上司：「（結局聞いてないのかよ）……わかりました。聞いてないと。では、なぜサービスの案内のせいだと？」

部下：「会社案内を見せたら、サービスの案内のところを見ていろいろと質問してきたからです」

上司：「どんな質問があったの？」

部下：「詳しくは忘れました。あと、秘密保持の契約を締結してほしいと」

上司：「（話題を勝手に変えるなよ……）もういい。秘密保持の契約の話はあとだ。話をもとに戻すよ」

部下：「はい」

上司：「最初に言ったとおり、昨日の顧客訪問3件の成果を報告して」

部下：「それなら、昨日すごいお客さんと話が盛り上がったんですよ」

上司：「（ハア？）盛り上がったのが成果？」

部下：「たまたま出身校が同じだったんですよ」

上司：「（質問に答えろよ……）だから、仲よくなれそう、というのが成果なの？」

部下：「成果、ではないですかね」

上司：「（ハア？）お客さんと盛り上がるのは手段で、営業の成果はそこじゃないだろ」

部下：「いや、でもお客さんとの人間関係は大事ですよ」

上司：「（こいつ頭悪いな……）最初に『受注につながる成果を報告』と言ったはずだが」

部下：「あ、スミマセン。とくにそのお客さんからの注文はなさそうです」

上司：「……（怒）」

◆

コミュニケーションがまったく噛み合っていない状況は、よく見受けられる。

ふだん、他愛もない話をしているときには我慢できるが、仕事になるとこれはけっこう困りものだ。

この場合は、残念ながら部下のコミュニケーション能力が著しく不足していると言わざるをえない。

とくにマズいのは、次の4点だ。

1　質問に答えていない

「成果を報告してください」と言われたのに、「資料がほしい」と質問に答えていない。優しい上司であれば、今回のように話を聞いてくれたりするが、「頭が悪いヤツ」と思われてしまうことは避けられないし、仮にこの場がミーティングなどであった場合、ほかの人の時間まで奪ってしまう。

聞かれたことに、端的に回答する。

2　自分の意見と、他人の発言の区別がついていない

上司が「なぜお客さんは会社案内ではなく、ほかの資料がほしいと言ったのか」と聞いているのに、「サービスの案内が不十分だと考えている」と自分の意見を述べている。

事実と意見を混同して述べるのは、上司に「ダメだこいつ」と思われてしまう原因の1つだ。

仕事においては、事実と、意見はしっかりと区別する。

3 話題を勝手に変えてしまう

上司から「お客さんからどんな質問があったか?」と聞かれているのに、「秘密保持の契約を結んでほしいと言われた」と、話題を勝手に変えてしまっている。

その場で出た話には違いないが、話題をころころ変えると、何も決まらないままに時間だけが経ってしまう、ということがよくある。

自分の話したいことを話題にしたい気持ちはわかるが、**1つの話題が終わってから、次の話題に移ること。**

4 相手の聞きたいことを考えていない

コミュニケーションの最も基本的な部分として、「相手の聞きたいことを話す」というものがある。

だが、コミュニケーションに対して無頓着《むとんちゃく》な人は、相手の意図をしばしば無視する。この場合、上司は「今期の受注につながりそうな成果を報告しろ」と言っているにもかかわらず、部下は「成果」について深く考えずに発言しており、そこに重大なミスコミュニケーションが発生してしまっている。

上司が何度も同じことを聞いてくるのであれば、部下は上司の意図を検証すべきだ。たとえば、「受注につながる成果、の報告ですよね？」といったように。

◆

何気ない会話であれば、相手と噛み合わなくても会話になってしまうのが、人間の素晴らしいところではあるのだが、仕事において「噛み合わない」は、のちに重大なトラブルにつながる可能性もある。

至極当たり前のことなのだが、

- **質問に端的に回答する**
- **事実と意見を区別する**
- **話題を勝手に変えない**
- **相手の聞きたいことを常に検証する**

この４つを意識するだけで、コミュニケーションの効率は劇的に変わる。

「あなたの言っていることは、よくわからない」と言われてしまう人は、この４つのいずれか、またはすべてに不調がある。

議論がヘタな人は、勝ち負けばかり気にしている。

コンサルタントをやっていたころ、「議論」をしている場を見る機会がよくあった。「見る」と言ったのは、私が議論に参加することはほとんどなかったからだ。

というのも、会社には「お客さんとは絶対に議論するな。お客さん同士で議論してもらえ」という原則があり、私はそれを忠実に守ったのである。

そのため、私は第三者として、さまざまな会社で、多くの議論を見る機会に恵まれた。そこで1つ気づいたことがある。

「議論のうまい人」と「議論がヘタな人」は、非常にはっきりと分かれるのだ。

当然、人によって「議論」という言葉に対して抱くイメージは異なるだろうから、まずハッキリとさせておかなければならないのが、「議論」の定義だ。『広辞苑』には、次のように書かれている。[*15]

【議論】互いに自分の説を述べ合い、論じ合うこと。意見を戦わせること。またその内容。

私が見てきた議論のほとんどは、会議やディスカッションなど、「複数の人が議題について意見し、他者を説得し合う行為」だったため、この定義に当てはまる。具体的には、議論は「会議」「意見交換会」「勉強会」など、さまざまな場所で起こり得る。

では、「議論のうまい人」はどのような特長を備えているのだろうか？

1　議論のうまい人は、「勝ち」「負け」を気にしない

最も重要な原則のうちの1つは、議論のうまい人は「勝ち負け」をほとんど気にしない、という事実である。

彼らは自分の言い分が否定されても、ほとんど意に介さない。

なぜなら、彼らの目的は「議論に勝つ」ことではなく、「自分の知力を見せつけること」でもなく、「議論をすることで、いいアイデアを出すこと」だからだ。

したがって、彼らの発言には必然的に、

「そういう見方もあるんですね」

「気づきませんでした」

「理由を教えてください」

「それはもっといいですね」

などと相手の発言を利用して、もっといいアイデアを探ろう、という意図が見受けられる。

また、彼らはどんなにイマイチに見える意見に対しても、「何をバカな」という態度はとらず、「なぜ、彼がそのような発言をしたのか？」という背景を探ろうとする。

彼らは、それが結果として「卓越したアイデア」につながる可能性を高めることを知っているからだ。

2 議論のうまい人は、「事実」からスタートする

私の同僚に、めっぽう議論のうまい人がいたが、彼は常に「事実の確認」から議論をスタートさせた。

たとえば、次のような発言である。

「まず、クレームがここ半年で増えている、というのは事実ですか？　どの程度増えているんですか？」

「若手の営業の力量が低い、というのは何を根拠に言っているのでしょう？」

「最近は競合にコンペで負けることが多い、という報告がありましたが、それはどの程

度でしょう?」

逆に、議論のヘタな人たちは「事実」を把握しないまま、「なんとなく自分がそう思うから」と議論をスタートさせるので、数字や事実確認の方法を突っ込まれると、何も言えなくなってしまう。

「議論のうまい人」たちは、思い込みや先入観をでき得る限り排除しようと、常に気を配る。

3 議論のうまい人は、「あるべき論」を振りかざさない

議論がヘタな人の特徴の1つが、「あるべき論」への固執だ。

あるべき論に固執すること、すなわち「オレは意見を変えない」の表明は、議論を停滞させる。

たとえば、あるサービス業の話だ。

複数の営業マンが「既存客の対応で手いっぱいであり、新規開拓をする暇がない」と言うので、上司に相談をした。

そこで上司は、対策のための会議を開くことにした。

会議の場で、若手がこう提案した。

「一部の既存客は、手がかかるだけで売上につながらない。こういった客は切っていくほうがいいのでは」

すると、ベテランの1人、Uさんが言った。

「どんなお客さんでも、丁寧に扱うべきだろう」

何人かのベテランが、それに賛同した。

若手はそれに対して、反論した。

「おっしゃることはわかりますが、今のままでは無理です。たとえば、私の担当は30社ありますが、3社のお客さんで全体の半分近くの時間を取られています。逆にその3社の売上は、全体の2割程度しかありません」

ベテランのUさんは怒った。

「30社程度で何を甘ったれているんだ。営業の効率が悪いだけだろう。与えられた既存客を死守するのが、営業の役割だ」

若手は「これ以上議論してもムダだ」と思ったのか、黙り込んでしまった。険悪なムードの中、上司が割って入る。そして、若手に言った。

「まあまあ、なぜUさん（ベテラン）が『どんなお客さんでも丁寧に』と言うのはわかるね」

「……はい」

「お客さんの選別を、というと何かこっちが偉くなったような気持ちになりがちだから、それを戒めただけだよ」

「それはわかります」

「でも、新規開拓できないのは困る。Uさん、どうすればいいかね」

ベテランのUさんは話を突然振られて、焦ったようだった。

「……えー、営業の効率を上げるべきだと」

上司は言った。

「そうそう、それはわかってるんだけど、どうしたら具体的に営業の効率を上げられますかね？　私もそれは重要だと思っているんだが」

この上司は非常に柔軟で、「あるべき論」を語る人の感情に配慮しつつ、若手とベテランから具体案を引き出すことに長けていた。

こういう人を「議論の巧者」と呼ぶべきなのだろう。

4　議論のうまい人は「議論の目的」を忘れない

議論のうまい人は、「議論の目的」を忘れない。当たり前のように感じるが、重要なことだ。

とくに、盛り上がる議論はあちこちに話が飛ぶので、いつの間にか当初の目的とは異なる話に花が咲く、ということが頻繁に発生する。

私の先輩に当たる人は、このコントロールがうまく、話の本筋を外さなかった。

彼が必ずやっていたのが、次の3つのステップだ。

1　**「この議論のゴール」の確認から始める。**

←

「今日のゴールは◯◯ですよね？」と全員に尋ねる。

2　**「この議論のゴール」を皆が見えるところに掲げる**

↓

「今日はここまでやります」と言って、ホワイトボードに目的を書き出す。

3　**「この議論のゴール」を書き出して終了する**

↓

「今日の議論の結論は、こうなりましたけど、いいですか?」と言って、終了する

こういった「当たり前のこと」をきちんとやることで、彼は議論を実りあるものに変えていた。

5　議論のうまい人は「議論する価値のあることだけ」議論する

ここまでに挙げたことはテクニックとして重要なことではあるが、真に重要なのは、「議論する価値のあることだけ議論する」という態度である。

冒頭で、「コンサルティング会社には「お客さんとは絶対に議論するな。お客さん同士で議論してもらえ」という原則がある」と書いた。

なぜ、そんな原則を守るのかと言えば、「コンサルタントは意思決定者でもなく、実行者でもない」という現実があるからだ。

お客さんと議論をして、アイデアが生まれたとしても、お客さんの能力に見合ったものでなければ意味がない。

また、「自分たちのアイデアである」という自負がなければ、責任感も生まれない。

したがって、我々が成すべきことは「お客さん同士の議論が、実を結ぶようにサポートすること」であった。

そのため、「お客さんとコンサルタントの議論」はほとんど価値がない。せいぜい、コンサルタントの自己顕示欲を満たす程度である。

ほとんどの人は、「この議論、不毛だよなー」と思ったことがあるだろう。

議論には多くのリソースが必要であるし、その結果の実行のためには、さらに多くのリソースが必要である。

結果として、「議論しないほうがマシ」なことも相当数あるのだ。

たとえば、インターネット上にはさまざまな議論が存在するが、そのほとんどは、多くの人にとって「どうでもいいこと」だろう。

だから、**議論は参加する前に、「私の人生の一部を使ってまで、参加する価値があるのか？」を問わなければならないのだ。**

人は「損をする可能性」に過剰に反応する。

いわゆる「強者」たちは、「変化を楽しもう」とよく言う。

私もかなりの会社で、この言葉を聞く。

とくに間違ってはいない。彼らが勝ってきたのはその対応力ゆえであるし、企業において言えば、硬直的な組織は永くは存続できない。

だが、「変化を楽しもう」は、時として大きな反発を受ける言葉でもある。なぜなら、それは強者のみが言える言葉だからだ。

◆

昔、「変化対応」を事あるごとに説く経営者がいた。もちろん、彼は心から「変化対応」を望んでいた。

当たり前である。お客さんの要望に合わせて会社を変化させていくのが、経営者としての彼の役割だからだ。

あるとき、その経営者は人事評価制度を大きく変えた。

「売上を上げる営業」よりも「利益を出す営業」を評価するため、そして「新しい事業を担う人」を評価するためだった。

この経営者の行ったことは「会社の存続」という視点からは至極まっとうだ。だが、社内のベテランからの反発は大きかった。

なぜなら、今までの「見せかけのトップ営業」が、平凡な営業に堕ちてしまったからだ。

経営者は「変化対応が必要だ。利益重視に変わるべき」と主張した。

が、評価の下がった一部のベテランは表立っては言わないものの、「経営者だけに都合のいい変化など認められない」と不満を溜めていた。

かと言って、彼らは実力があるわけではないので、転職することもできない。「不満分子」として、会社に残り、事あるごとに次のような経営陣への不満を若手に言い始めた。

「変化対応って言うけど、すぐに手のひら返します、ってことだからね」

もちろん、若手もバカではない。ベテランに耳を貸す人は少なかった。

だが、若手たちも不安だった。「変化対応」をうたう経営者が、いつ評価基準を変えるか、わからなかったからだ。

環境が変われば、誰でも「堕ちる」可能性がある。若手の1人は「ベテランの気持ちもわからなくもない」と言っていた。

結局、事態を重く見た経営者は「ベテランたちの評価は、今から3年間は古い制度で運用する」と譲歩し、事態は収拾した。

人は「損をする可能性」に過剰に反応する。

「変化」の一例として、「人事制度の変更」や「転職」がある。

しかし、それは新しいチャンスを生む一方、給与が下がったり、職場になじめなかったりする、という心配もある。

変化の渦中にいる人物にとって、変化はメリット、デメリットの両者が存在する一種の「賭け」だ。

だが、「賭け」は歓迎されるとはかぎらない。たとえば、次のようなシーンを想像してほしい。*16


あなたはコイン投げのギャンブルに誘われました。

裏が出たら、一〇〇ドル払います。

表が出たら、一五〇ドルもらえます。

このギャンブルは魅力的ですか？　あなたはやりますか？

期待値がプラスのギャンブルであるから、受けない手はないのだが、じつは、このギャンブルを受ける人は少ない。

なぜなら、たいていの人にとって、「一〇〇ドルを損する恐怖感」は、「一五〇ドルを得する期待感」よりも強いからだ。

ちょっとした金額であっても「賭けに乗ってもいい」という勝った場合にもらえる金額は、損失の1・5倍〜2・5倍の金額にものぼる。

また、こんな「賭け」も想像してほしい。[*16]

あなたは現在の富に上乗せして一〇〇〇ドルもらったうえで、次のどちらかを選ぶように言われました。

五〇%の確率で一〇〇〇ドルもらう、または確実に五〇〇ドルもらう。

これも、たいていの人は「確実に五〇〇ドルもらう」を選ぶ。「確実な五〇〇ドル」は、もしギャンブルに出て「一〇〇〇ドル」もらえなかったら、「損失」と見られるからだ。

人は「損が大嫌い」。しかも、賭けの金額が大きくなればなるほど、人はさらに、損失回避的になる。

得をする可能性があっても、損をする可能性はそれをはるかに上回って「嫌い」なのである。

「変化」を好む人は何を考えているのか？

さきほどの会社が拙速に制度を改革しようとして失敗したのは、人の「損失回避の傾向」を甘く見たからだ。

だが、世の中には「変化対応」＝「賭け」が好きな人もいる。では、どんな場合に人は「変化対応」を好むのだろうか？

じつは、**「人は、悪い選択肢しか見えないときには、リスク選好的になる」**という。[*16]

たとえば、さきほどの質問を少し変化させた質問をすると、どうなるか。

あなたは現在の富に上乗せして二〇〇〇ドルもらったうえで、次のどちらかを選ぶように言われました。
五〇％の確率で一〇〇〇ドル失う、または確実に五〇〇ドル失う。

この質問では面白いことに、たいていの人が「五〇％の確率で一〇〇〇ドル失う」を選ぶのである。

つまり、「悪い選択肢しかない」場合、「確実な損失よりも、損せずに済むチャンスに賭けてみる」とほとんどの人は判断する。

ここに、「変化対応」を好むか、好まざるかの境界がある。

変化を楽しめるのは、強者の証。

多くの経営者や仕事のできる人々が「変化対応」を好むのは、まさにこの性質による。

彼らの多くは「現状維持では確実に今後の状態は悪くなる」と思っており、座して確実なマイナスを待つより、賭けに出るほうが、感情に適うのである。

そして、それは「コントロールする楽しさ」を伴う。


だが、そう思わない人も数多くいる。

弱者は「自分の人生はコントロールできる」と思っていない。

そして事実、置かれた環境に翻弄されてしまう。

彼らは「現状維持のほうが楽なのに、なぜあえて変えようとするのか？」と疑問に思っている。


また、誰かが変化を起こそうとすると「現状がよくなる可能性」よりも「今より悪くなる可能性」が気になるため、損失回避傾向が働いて反発する。

彼らにとっては「現状維持」が最低ライン。プラスが見込めれば、変化に賛同してもいい、という感覚だ。


新しいテクノロジーは、自分の職を奪うかもしれず、新しい働き方は、自分の収入を減らすかもしれない。

そこで、「変化を楽しもう」と言われれば、カチンとくるのも無理はない。

「変化を楽しめる」のは、それだけで強者の証だ。
けれども、強者の都合だけでは、国も組織も動かないのもまた事実である。

「ふだんと違うこと」をしたあとに失敗すると、人間はより後悔が深まる。

大手製造業に勤める、もうそろそろ41歳になる知人がいる。

彼は、営業としてその会社に新卒で入社し、異動しながら20年近く会社に貢献してきた。

時には、僻地での勤務もあったが、持ち前の明るさと人懐《ひとなつ》っこさが、どんな場所でもそれなりの成果を彼にあげさせた。

ところが最近は、彼の元気がない。

「仕事はそこそこで、家族との時間を大切にしているよ」

明るく彼は言うのだが、たまに「たぶん、出世は無理」とポツリと漏らす。

彼の現在の地位は「課長補佐」だ。

「課長補佐」は、社内における平社員のキャリアの終着点であり、「課長」つまり管理職になれなかった人たちが大量に滞留しているポジションである。

実際、社内には50代の「課長補佐」があふれており、彼らはそのまま定年を迎えることになる。

彼の会社においては、制度的に「課長」になることができる最終の年齢は42歳。それ以降で課長になる人は、ほぼゼロだ。

つまり、彼は来年が「課長になれる最後のチャンス」ということになる。

だが、見通しはあまりよくない。

今の上司にあまり力がなく、自分を課長にねじ込んでくれるとはとても思えないからだ。

自分より年下の人物が毎年抜擢されていくのを見ると、嫉妬《しっと》ともあきらめともつかぬ「なんとも言えない気持ちになる」と彼は言う。

とは言え、現在の待遇は悪くない。

まず、学生時代の同期と比べれば、はるかにいい給料をもらっている。また、住宅手当や各種の企業年金など、手厚い保護が社員には与えられている。

さらに、この会社は今までリストラを行ったことがない。

「このまま会社にしがみついて生きよう」と望めば、それは叶ってしまうかもしれない。

だが、最近は、心が妙にざわつくことが相次ぐ。

「原因は、今の20代、30代だよ」

最近の若手は、自分がしてきたように、上司や先輩に敬意を払い、一歩一歩着実に上がっていこう、と考えているようには見えない。

仕事はそれなりにやるものの、「評価に関係あるんですかね」と不満を漏らすこともしばしば。

「きちんと仕事をやれば、誰か絶対に見てくれている人がいるよ」と諭《さと》したくなるが、自分も出世できていない身であるから、強くは言えない。

上司は「若いときはそんなもんだろ」と、のん気に構えている。

だが、ついに1人の若手が、「辞めます」と言ってきた。彼はこう言った。

「外資系に転職するらしいよ。うちが外資の草刈り場になっている、という話は本当だったんだな」

転職先は某有名外資系メーカーの営業だった。給料もかなりいい。

同期と話すと、他部署でも同じようなことがあったらしい。「結果を出せなければクビ」というのが外資系だと聞くが、心の中は穏やかではない。

「若い、ということが心底うらやましい。チャレンジできる時間と、やり直せる機会がある」と彼は言う。

後日、彼から連絡があり、「転職サービスに登録し、面談を受けてみた」と聞いた。だが、彼よりひと回りも若いと思われる担当のエージェントは「今の待遇だと、転職は勧めない」と言ったそうだ。

彼はエージェントに言った。

「なぜですか?」

エージェントは遠回しに、「専門性に乏しく、希望の年収、ポジションと企業側のニーズが合わない」と彼に告げた。

「自社で出世競争に負けたのもつらいけど、いつの間にか世の中全部から、『使えないヤツ』扱いされたような気持ちだった」と彼は言った。

そこで、私は聞いてみた。

「仮に転職すると、どの程度、年収が下がる?」

「25％くらい下がる。あとは手当類が減るから、実質はもっと厳しいかもしれない」

「25％は許容範囲？」

「んー……。正直に言うと厳しい」

「今の会社に残ることは、リスキーだとは思わない？」

「うちは安泰だよ」

「いや、会社の業績ではなく、会社の方針に翻弄される自分がだよ。これからどんどん待遇が切り下げられる可能性もあるだろう」

「うちの会社は、そういうことはしないと思うけど……」

私は、彼の会社のＩＲ資料を見ていたので、そこまで楽観的になってしまうのは、ちょっと危険だと個人的には思っていた。

「でも、業績はあまりよくないよね」

「ほかの会社も同じだろう？」

たしかに彼の言うとおり、結局はどこにいても「自分しだい」ではある。

私も彼にあとで恨まれたくはない。無責任に転職を勧めるわけにはいかない。

◆

よくドラマやマンガなどで「行動しないと、大きな後悔をする」という言説を見るが、それはウソで、むしろ逆だ。

ダニエル・カーネマンは『ファスト&スロー』で、「心理学的にはふだんと違うことをしたあとに失敗すると、人間はより後悔が深まる」と次のように説いている。[*17]

すなわち、行動して生み出された結果に対しては、行動せずに同じ結果になった場合よりも、強い感情反応が生まれるということである。この感情反応の中には後悔も含まれる。

(中略)

じつはここで重要なのは、行動するかしないかのちがいではない。デフォルト(既定)の選択肢と、デフォルトから乖離した行動とのちがいである。デフォルトから離れると、デフォルトが容易にイメージされる。そこでデフォルトから離れた行動をとって悪い結果が出た場合には、ひどく苦痛を味わうことになる。
（中略）
このように後悔をするリスクが非対称であるため、人々は保守的なリスク回避的選択をしがちである。このようなバイアスは多くの場面で見られる。

仮に私が強引に転職を勧め、その後、彼が失敗した場合、彼の後悔は恐ろしく大きいものになる。

転職のエージェントも、それをよく知っていたのだろう。

知人のように、大手企業に勤め、自分の能力をあまり客観的に知る機会のなかった人物が保守的な傾向を示すのは、とくに不思議なことではない。

成功は失敗より当たり前と考える人物にとって、転職はすさまじくハードルが高い。

一般に、成功は失敗より当たり前と考えられているけれども、本当は、ビジネスは「失敗」がデフォルトなのである。

彼の出世できない原因も、そこにある。彼はずっと、41歳になるまで「失敗」をしてこなかった。それは、すなわち「チャレンジ」をしてこなかったということと同義である。

逆に、彼がうらやむ20代、30代は若いうちからチャレンジをしている。彼らは結果的に転職先で失敗するかもしれないが、その経験は生涯にわたって活きるに違いない。

では、41歳の彼は結局どうすればよいのだろう?

もちろん、平凡なサラリーマンで終わるのも悪くはない。プライベートを重視し、軸足を仕事ではなく、趣味やボランティアなどに移す。それは悪くない選択肢だ。

だが、「自分に誇りを持ちたい」と願うなら、仕事にせよ、何にせよチャレンジは不可避だ。

というより、「本当の自信」は困難を乗り越えることでしか身につかない。

安定を取るか、それともチャレンジするか。
結局は、価値観の問題であり、生き様の問題である。

◆

その後、彼からまた連絡があった。
「もう少し今の会社で頑張ってみるよ」とのことだった。

「私たちの予想」は「たくさん見聞きしたこと、あるいは感情に訴える強さ」によって歪められてしまう。

議論でなかなか勝てないとしたら……。
ロジカルでムカつくアイツを、たまにはやっつけてみたくないだろうか？
とは言え、とくに「エライ人相手」では、なかなか勝てない。
たとえば、こんな感じだ。

◆

あるコンサルティング会社で、若手が「フェイスブック」を使って、会員企業へ情報提供を行おうとした。

若手は早速マネジャーに相談する。マネジャーはこう言った。


「経営者はフェイスブックなんて見ないだろ」

「いや、見ている経営者もたくさんいると思いますよ」

「少なくともうちのお客さんは老舗の企業が多いから、フェイスブックなんて見ない経営者が多いはずだ」

「そ、そうかもしれないですが、若手の方もいますよ」

「だいたい、フェイスブックで変なコメントがついたらどうするんだ。おまえは責任をとれるのか？　リスクはどのくらいか、きちんと見積もったのか？」

「……いえ」

「だろう。だいたいフェイスブックにどんな情報を流すんだ？」

「うちが発行しているメルマガの一部を転載するのがいいと思います。会員も増えるのではないかと思っているのですが」

「わざわざフェイスブックのアカウントをつくらせるの？　経営者に？　そんなことしないだろう。だいたい、どの程度の経営者に登録してもらえそうか、出してみたのか。あと、時間はどれくらい使うつもりだ？」

「メルマガの転載と、セミナーの抜粋を中心にするので、それほど大変ではないと思いますが……」

「本当に費用対効果に見合うのか？　試算してみたのか？」

「すみません、やってません……」

「うちのブランドを毀損《きそん》したらどうする？　炎上したり誹謗中傷のコメントがついたら？　この前、ニュースで訴訟が起きているケースもある、と言ってたぞ」

「今回はやめておきます……」

◆

こんな感じで、いつもやり込められて、悔しい思いをしている人は多いはず。

どうやって、ロジックで攻撃してくるアイツに勝てばいいのか？

ここでも『ファスト&スロー』から、1つ重要な知識を紹介する。[*18]

認知科学の分野で著名なオレゴン研究所のポール・スロビックは、「私たちの予想」は「たくさん見聞きしたこと、あるいは感情に訴える強さによって歪められてしまう」と言った。

我々は、多くの場面において難しい質問「それについて、自分はどう考えるか?」に答える代わりに、やさしい質問「自分はそれが好きか?」に答えているのだ。これを、「感情ヒューリスティック」という。

さらに、スロビックのチームは実験をした。

水道水へのフッ素添加、化学プラント、食品防腐剤、自動車などについて、個人的な好き嫌いを言ってもらったうえで、それぞれのメリットとリスクを書き出すように実験の参加者に指示を出した。

その結果、

・ある技術に好意を抱いている場合は、メリットを高く評価し、リスクはほとんど顧慮しない
・逆にある技術を嫌いな場合は、リスクを強調し、メリットはほとんど思い浮かばない

ということが明らかになった。

さらに驚くべきことに、この実験では「英国毒物学会」の会員まで同様の回答をした。専門家ですら安易に好き嫌いで判断することがある、ということだ。

◆

最初の会話の事例では、マネジャーは実際には検討というほどの検討は行っておらず、単に彼の中で、次のような「感情ヒューリスティック」が発生している可能性がある。

「フェイスブックはよくわからない」
←「わからないものは嫌い」
←「嫌いなものは効果がなく、リスクが大きい」

そこで、こんなふうにやり返すとよいのではないだろうか。

◆

「経営者はフェイスブックなんて見ないだろ」
「いや、見ている経営者もたくさんいると思いますよ」
「少なくともうちのお客さんは老舗の企業が多いから、フェイスブックなんて見ない経営者が多いはずだ」

「いえ、若手の方もいるはずです。実際に数字を見てください」

「だいたい、フェイスブックで変なコメントがついたらどうするんだ。おまえは責任をとれるのか？　リスクはどのくらいか、きちんと見積もったのか？」

「おっしゃるとおり、リスクはあると思いますが、マネジャーは逆に、メリットはどれくらいあるか、考えていらっしゃいますか？」

「メリット？」

「そうです」

「そんなもの、なんでオレが考える必要があるんだ」

「いえ、『感情ヒューリスティック』というものがありまして……マネジャーはフェイスブックについて、明らかにリスクばかりを強調されていました。嫌いなものは、リスクばかり目につくというバイアスが人間にはあります。ですから、客観的に見ていただくために、マネジャーにもメリットについて考えていただきたいと思いました」

「お、おう……。そうか……」

◆

いかがだろうか？

じつは、**「メリットを考えることで、その案が好きになる」というバイアスも「感情ヒューリスティック」に存在する。**

マネジャーに積極的にメリットを考えてもらえると、きっとあなたの案に賛同してくれるはずだ。

これなら、万事ＯＫ。

ちなみに、感情ヒューリスティックの話を持ち出したとき、マネジャーがキレてしまえば、少なくともロジカルシンキングでは勝つことができるだろう。

ただし、これをやることによって、マネジャーに嫌われてしまうかもしれないが、それはまた別の話。

こうやって、人は変われなくなっていく。

1人の新卒がいた。

彼は自分の能力に自信を持っており、100%ではないものの、自分の希望した会社に入れたことに満足していた。

同じ新卒の仲間と新人研修では切磋琢磨《せっさたくま》し合い、時にはチームが高い評価を受けることもあり、彼は希望に燃えていた。

そして、新人研修が終わり、配属が決定した。驚いたことに、彼は希望の部署に行くことができなかった。

あれだけ研修で頑張ったのになぜ……。疑問だった。

人事に理由を聞いても、「理由は言えないが、適性を考慮したため」という返事が返ってくるだけ。

彼は、**「世の中というのは、希望どおりにいかないこともあるのだ」**と、自分を納得させるしかなかった。

◆

彼が配属されたのは営業部だった。

その会社で営業部は厳しいことで有名で、新人といえども、それなりの目標を達成することが求められる。彼が求められたのは、これから1か月の間に、次の2つの目標を達成することだった。

「テレアポで1週間に3件のペースでアポイントを獲得すること」

「ある展示会に顔を出し、そこで名刺を100枚集めること」

彼は「イヤな仕事だな」と思ったが、先輩から「全員これをやって、営業の基本を学ぶんだ」と言われ、覚悟を決めて取り組んだ。

結果、展示会のほうはなんとか目標を達成することができたが、彼はテレアポはどうにも苦手で、結局、1回も目標を達成できなかった。

もちろん自分のプライドにかけて、彼は努力した。先輩にスクリプトをもらい、練習をし、自分で声を録音してチェックした。

だが、彼は目標を達成できなかった。表彰される同僚を見ながら、彼は**「努力って、報われないときもあるのだな」**と実感した。

新人時代が終わり、彼は営業として正式に顧客を担当することになった。

彼の担当は10社、加えて新規開拓についても数社の目標値が与えられ、活動することになった。

しかし、担当顧客のうちの1社は難しいことで有名な顧客だった。取引額が大きく、大事にしなければならない顧客なのだが、どうにも理不尽な要求が多いことで有名だったのだ。たとえば、次のように。

「休日にもクレームで呼び出される」

「顧客の担当者が細かい人物で、些細なミスであっても強烈な叱責を受ける」

「値引きの要求に対しては、担当者を個人的に接待することで、条件を緩和してもらう」

彼は「商売の現実」をつきつけられた。

彼は取引先の要求をひたすらこなしながら、**「とにかく、波風立てないように振る舞うにはどうすればいいか」**を学んでいった。

４年が経過し、彼は初の異動となった。

新しく配属された部署は、新規事業の立ち上げを担当する部署だった。彼は既存の仕事に嫌気がさしていたので、「別のことをしたい」と希望を出した結果、それが通ったのだ。

「この会社も捨てたものではない」と彼はまた、希望に燃えて仕事をすることになった。

だが、その期待は1か月で裏切られた。

新規事業の立ち上げは困難を極めていたのだ。会社の都合でつくられたニーズのない新商品は、顧客にまったく活用してもらうことができなかった。

ニュースリリースこそ華々しく目立っていたものの、その後の受注はほとんどなく、「抜本的な商品の改良が必要」という現場の声も、担当役員から「別の部署とお客さんの食い合いになってしまうので、商品のスペックを変えることができない」と無視された。

当然、彼の評価も最低レベルであり、ボーナスも大幅に減額されてしまった。彼は**「会社というものは、新しいことを始めると損をするのだな」**と学んだ。

彼は元の部署に戻してもらい、新規事業のチームは解散した。

7年が経過し、彼は月間で最高の成績を残すなど、徐々に成果を出せるようになっていった。やはり、地道にコツコツやるのが一番だ、と彼は実感していた。

現在、担当している顧客で面倒な客はいない。上司からの信頼もそれなりにある。彼は入社して初めて、「自分は仕事ができるようになってきた」と実感していた。そして、最近ではちらほら、同僚の昇進の噂も聞く。

彼はそれを聞くたびに、昇進したくてたまらなかった。この働きを認めてほしい、報われたいと切に願うようになっていた。

上司からも「今年は狙えそうだな」という言葉をもらい、満を持して迎えた評価の時期。

だが、彼に昇進はなかった。その代わり、同期の別の人間が数名、評価されて昇進していた。彼は納得がいかなかった。「ヤツらよりオレのほうが数字が上だし、仕事ができるのに……」と。

上司に理由を聞いても、「来年、頑張れ」と言われるだけでラチがあかない。

そんなとき、ある1つの噂を聞いた。

噂によると、彼の所属している部署の部門長よりも、同期の部門長のほうが社長の信頼が厚いらしい。「それで、うちの部門では昇進は1名だったのに、彼らのところは3名も昇進できたのか」と彼は思った。

彼は、**「会社というのは、自分の力だけではどうにもならないことが多すぎる」**と学んだ。

9年目のある日、彼は突然「転職」を考えるようになった。

知人が転職で某有名スタートアップに入社した、というのだ。彼はそれがうらやましく、妬《ねた》ましかった。

「そういえば、自分の市場価値はどのくらいなのだろう？」

彼は大手の転職サービスをwebで探し、紹介会社のキャリアカウンセラーに自分の市場価値を聞いた。

「営業として活躍されてますが、そうですね……、こういう感じですかね……」

と示された転職先と年収の予測は、彼のイメージするものとはかけ離れていた。実際、彼は紹介会社から「高く売れる人材」として見られてはいなかった。

彼はがっかりして、転職する元気も失った。

「仕事、つまんないな……」

彼は学んだ。**「仕事とは、たいして面白くもないものを、耐えて行う苦行なのだ」**と。

そして12年目、今年も新人が配属されてきた。

その新人はいつも配属されてくる、従順な新人とは違っていた。上司や先輩に対しても歯に衣着せぬ物言いをしてくる。

「こんなやり方、非効率です」

「もっといろいろ、やれることがあるはずです」

その新人は精力的に働いたが、会社のルールを逸脱することもたびたびあった。

たとえば、1人ひとりに割り当てられたテレアポと名刺集めのノルマを、同期で勝手にチームを編成し「テレアポチーム」と「名刺集めチーム」に分けて、効率よくやろうとした。

そして、それはとてもうまくいった。特化することで時間の無駄、ノウハウの共有などがスムーズに行われるようになったのだ。

ただし、それは会社にとってみれば伝統と異なる「ルール違反」であった。

当然、彼も「ルール違反はやめろ」と新人に言った。

すると、新人は「何言ってるんですか、成果が大事なんでしょう？　やり方は変えてもいいはずです」と言う。

しかし、彼は「会社の決めたとおりにやることが、大事なんだ」と納得がいかなかった。

新人は彼を見下したように、「わかりましたよ」と吐き捨てるように言った。

数か月後、その新人は会社を辞めた。

知り合いのつてで、先日上場した伸び盛りの会社に誘われたそうだ。

彼はうらやましい、とすら思えなくなっていた。彼はもはや、ひたすら変化に抵抗した。自分のやり方が批判されることにも我慢がならなかった。

彼が学んできたことのすべては、**「変わることはできない。自分にたいしたことはできない」**であったのだ。

AI研究者が発見した「バカの壁」の正体。

コンサルタントをやっていた頃、「話がぜんぜん伝わらない人」がけっこういることに、驚いた記憶がある。

しかし上司は、私に対して「話が伝わらないのは、おまえが悪い」と言う。不満を述べると、上司に「おまえの都合など知らん。中学生が理解できるかどうかを判断基準にして話せ。文章や資料も同じだ」と厳しく言われた。

だが、私は当時「社会人にそんなことをするのは、失礼なんじゃないか」と思っていた。

大人を中学生扱いするのは、気が引けた。

だが、このことは養老孟司の書いた『バカの壁』[*19]を読んで、上司の言っていることが少し理解できた。

知りたくないことに耳をかさない人間に話が通じないということは、日常でよく目にすることです。これをそのまま広げていった先に、戦争、テロ、民族間・宗教間の紛争があります。例えばイスラム原理主義者とアメリカの対立というのも、規模こそ大きいものの、まったく同じ延長線上にあると考えていい。

小難しいことは知りたくない。
面倒そうなことは避けたい。
だから、知りたくないことには耳を貸さない。そういう人間が世の中にはたくさんいる。

この本にはそう書いてあった。

「話を中学生にもわかるレベルに落とせ」と上司が指摘するのは、「話を聞いてもらわなければならない」コンサルタントという商売には、必須だったのである。

私は、間違っていたのだ。

◆

そして、その当時に受けたのと同じような衝撃を、AI研究者の著作『AI vs. 教科書が読めない子どもたち[*20]』を読んで覚えた。「AIは、東大に合格できるか」というプロジェクトで有名になった数学者、新井紀子によるものだ。

なお、プロジェクトは2011年に国立情報学研究所が開始した「ロボットは東大に入れるか」というものだ。

2016年度までに大学入試センター試験で高得点を取り、2021年度に東大入試を突破することを目標に「東ロボくん」というAI（人工知能）の開発が進められていた。

この本は大きく前半と後半に分かれており、まったく雰囲気が異なる。

前半は、ＡＩについての正確な情報提供である。

「ＡＩが人間を追い越す」と騒がれているが、それが杞憂《きゆう》であることを、ＡＩの原理から説明している。

本の中ではさまざまな技術的な制約が説明されているが、結論として、ＡＩの弱点を次のように述べている。[＊20]

「ＡＩは、『意味』を理解しない」

たとえば、アップルのSiriは、「この近くのおいしいイタリア料理の店」と「この近くのまずいイタリア料理の店」を区別できない、と述べている。

それゆえ、ＡＩには現在のところ、「東大に合格するほどの知性を獲得できない」と見切ったのだ。

だが、問題は後半だ。

この本では、ＡＩが東大に合格できるかよりも、むしろこのＡＩの研究から得られた副産物のほうに着目している。

それは、「意味がわかっていないはずのＡＩに、テストの成績で負けている生徒がかなりの数いる」という事実だ。これはどういうことなのだろうか？

「教科書がきちんと読めていない子どもが、かなりの数いるのではないか」という仮説を立て、これを証明するため、各地の学校で生徒にリーディングスキルテストを受けてもらい、その傾向を調べたという。

たとえば、「読解力の高い人」でなければ、正解できない問題の1つはこれだ。[*20]

次の文を読みなさい。

アミラーゼという酵素はグルコースが繋がってできたデンプンを分解するが、同じグルコースからできていても、形が違うセルロースは分解できない。

この文脈において、以下の文中の空欄にあてはまる最も適当なものを選択肢の中から一つ選びなさい。

セルロースは（　）と形が違う

①デンプン　②アミラーゼ　③グルコース　④酵素

念のために言えば、この問題を解くことに生物学の特殊な知識はまったく必要ない。単純な読解だけで判定できる。

この本では、数々の学校で得られた結果を分析し、「教科書が読めていない子どもが大勢いる」という結論を出している。[*20]

なぜ、そんなことが起きるのか？

1つの理由として「知らない単語が出てくると、それを飛ばして読むという読みの習性がある」ことを挙げている。[*20]

つまり、「読めない子」は、文中の「わかりやすい部分」だけを適当に抜き出し、勝手に自分なりの解釈をしてしまう読み方をしているのである。

これは、冒頭の『バカの壁』に類似している。

インターネット上には、さまざまな記事があり、それに対してさまざまなコメントが見受けられる。

賛否両論、それ自体は問題はないのだが、問題なのは「なぜこの記事から、このようなコメントが？」というコメントも多いことだ。

中には、明らかに「これ、文章を読めていないよね」というコメントもある。

言葉は悪いが、それは通常「バカの壁」で済まされてしまう。

だが、そう指摘するだけでは解決には至らないし、争いも起きて、非生産的だ。

だが、この本を読んでよくわかった。

不思議すぎるコメントが時折、見受けられるのは、つまり「大人でもちゃんと読めていない人がいる」からなのだろう。

それは、単純に「問題文がきちんと読めるから」ということもあるのだろう。

たしかに私も塾の先生から、国語の成績がいい生徒は、ほかの教科の成績も伸びやすい、という話を聞いたことがある。

新しい知識を得るスピードに大きく影響があるからだ。

「基礎的読解力は人生を左右する」という。*20

知性の獲得に必要なのは、読解力。

「8割の高校生がAIに受験で敗れる」という状況は、大勢の労働者が、AIによって代替される未来を暗示する。

それゆえ、この本では「子どもたちは読解力を身につけるべき」と述べられている。

私もそう思う。

「英語のスキルを獲得したい」という人が増えているが、じつはその前に、母国語が一定のレベルでなければ、そもそも英語が話せたとしても、言葉の中身は貧しいままとなってしまう。

「バカの壁」を打破するには、母国語をまず満足に使えるように、大人を訓練しなければならないのだ。

（なお、正解は「①デンプン」）

仕事において「能力」と「人格」は、分けて考えなければならない。

よく言われる話であるが、「仕事ができる」ことと「人格が優れている」こととはあまり関係がない。

人望があっても仕事は今ひとつの人がいる。

逆に、仕事は突き抜けてできるが人格に問題あり、という人もいる。

両者とも希少な資質・能力であるから、必然的にこの2つを兼ね備えた人はまれである。

たとえば、スティーブ・ジョブズは偉大な経営者であったが、近くで働く人物にとっては一緒に気持ちよく働ける人物ではなかったという。

実際、元・米アップル社のシニアマネジャーだった松井博は、スティーブ・ジョブズについての特徴的なエピソードを『僕がアップルで学んだこと』で紹介している。[*21]

スティーブに社員食堂などで話しかけられてシドロモドロになってしまうと「お前は自分がどんな仕事をしているか説明できないのか？　同じ空気吸いたくないな」などと言われ、首になってしまうという噂が流れました。たまたまエレベーターでスティーブと乗りあわせて首になったなどという話もあり、話に尾ひれが付いて恐怖感が社内の隅々まで行き渡り、みんなスティーブと目も合わせないようにする始末でした。

これが「噂」だったとしても、こんな噂が立つ人物と一緒に働きたいと思う人は稀有だろう。

また、同書ではこんなエピソードも紹介されている。[*21]

例えばお客様からの苦情メール。これが突如スティーブ・ジョブズから転送されてくる、ということが年に数回ありました。スティーブから直々に送られてくる問題ですから上から下まで全員が注目しています。こういった場で「この問題の原因を作り込んだ責任者」のようなレッテルを貼られてしまうことは、アップルでの政治生命の終わりと言ってもいいほど最悪の事態でした。

管理職研修などでは「皆の前で部下を叱ってはいけない」と教えられたりするが、スティーブ・ジョブズはそんなことお構いなしだった。

アメリカ南北戦争の英雄、北軍を勝利に導いたユリシーズ・グラント将軍は、じつは大変酒癖が悪かったという。[*22]

また、後年大統領となったとき、スキャンダルを起こし、汚職に手を染めるなど、人格的には決して褒められた人物ではなかった。

だが、大統領であったエイブラハム・リンカーンは戦時中、その危険性を知りつつも彼を解雇しなかった。戦い方があまりにもうまかったからだ。

対して、グラントのライバル、南軍のロバート・E・リー将軍は大変穏やかな性格であったという。人をつかうこともうまかった。だが、最終的にはグラント将軍に敗北してしまった。

「仕事の能力と人格は、切り分けて考えなければならない」ということをしばしば我々は忘れてしまうが、このようなエピソードは、それを再認識させてくれる。

◆

先日、ある会合で友人が言っていた。

「信頼して仕事を任せた方が、何もしていなかった。あまりにも無能であることに腹を立てて、『アンタ、仕事ナメてるでしょ』と、つい大声で怒ってしまった」

彼に事情を聞いた。

「仕事と人格は別っていうのはわかるんだけど、『この年になって、こんなこともできないなんて、世の中をナメめてきたんだろう』と思ってしまう。するとついつい、リスペクトを失って、怒ってしまう」

「仕事ができないがゆえに、人格まで否定したくなる」という衝動が存在することを認めない人はいないだろう。おそらく、誰でも経験があるはずだ。

過去、次のような言葉をさまざまな企業の中で聞いてきた。

「おまえは本当に仕事ができないな、だらしないヤツだな」

「目標達成に向かって頑張らないヤツはクズだ」

だが、その場に居合わせた別の人が言った。

「無能っていうのは、『時代の要請と合わない』ってことだから、人格とは分けて考えたほうがいいと思う。たとえば、自分は戦国時代に生きてたら、たいして活躍できなかったんじゃないかな。たまたま今の、この仕事だから、能力が活かされてるんだよね」

◆

我々は、ともすれば仕事の能力を「人格」で語る、「人格主義」で考えがちである。しかし、人格主義は万能ではない。

「精神を鍛えれば、仕事ができるようになる」
「成果をあげる人は、人格も高潔だ」

といった具合に、仕事の能力と人格とを安易に結びつけるのは避けるべき事態である。

「人格」や「精神論」を中心に据えると、マネジメントは稚拙になりがちである。

「あの人は人格者だからね」と、皆が言っている。
壇上で演説をする経営者に向けた言葉だ。

◆

とある企業のパーティーでのことだ。
その経営者は先代から継いだ会社を、もう十数年経営しているそうだが、会社の業績は好調で、離職率は低く、下手な上場企業よりもはるかに給与もいい。

そして、実績を出しているとあって、その経営者をけなす人物はほとんどいない。オーナー企業であるから、うるさい株主もおらず、経営も非常にやりやすいだろう。

彼は「人格経営」を標榜しており、マネジメントの方針としてそれを採用しているという。

私は、その「成功者」たる経営者の自信に満ちあふれた表情を見て、少し考えた。果たして、「人格」を中心に据えるマネジメントは、効果があるのだろうか？

◆

ネットやビジネス誌などで「成功するビジネスパーソン◯つの法則」といったタイトルの記事をよく見かける。しかし、それらを鵜呑みにはできない。

たとえば、「成功するビジネスパーソンは、よく本を読む」という主張がなされていたとき、次のどれが正しいのかはわからない。

・本を読んだから、成功したのか？

- **成功したから、本を読むようになったのか?**

同じように、「素直なビジネスパーソンは出世する」といった言説も、判断を留保したほうがよさそうだ。

- **素直だから出世したのか?**
- **出世したから素直になれたのか?**

これもわからない。

ご存じの方も多いだろうが、これらはすべて「相関」と「因果」の取り違いに起因する。そして、この手の話は学者であっても取り扱いに注意している。

たとえば、行動経済学者のニック・ポータヴィーは『幸福の計算式』で、次のように述べている。[*23]

相関関係と因果関係の違いは、幸福の研究者だけでなく社会科学者全体にとっても何より重要なことだ。私たちの生活に見られる多くの出来事は相関している――ある町の消防車の数とそこで起こる火事がもたらす被害、大学でのタバコの消費量と低成績、学校での成績と子どもの家にある本の数など。しかし、そこに因果関係があるとは思われない。統計学者は、このような関係を「擬似相関」と呼ぶ。そして、問題になっているふたつの変数に同時に相関する3番目の知られざる変数が存在するという事実によって、これを説明することができる。

ニック・ポータヴィーは「ミネラルウォーターを飲めば、健康な赤ちゃんが生まれる」という見出しを取り上げ、その間違いを指摘する。[*23]

実際には、裕福な親のほうが生活水準が高く、必需品でない贅沢品（たとえば、ミネラルウォーター）に対して、裕福でない人たちよりも多くのお金が使えるので、より健康な赤ちゃんが生まれるというだけのことだろう。言い換えれば、親の収入という変数を追加して考えない限り、この見出しはとても用心して解釈すべきものなのだ。なぜなら、これから出産する人たちの収入がみな同じだとすれば、ミネラルウォーターを飲むことより健康な赤ちゃんが生まれることには関連性がないと思われるからだ。

ビジネスには、この「擬似相関」が非常によく登場する。

そして、これらの「擬似相関」に経営者や上司がとらわれていると、会社がうまくいかなくなったときにマネジメントが迷走しがちだ。

たとえば、冒頭に述べた経営者は「人格経営」を標榜しているが、人格が優れていることが、成功の原因となっているかどうかは不明だ。

実際には、たまたま仕入れた商品がよかっただけかもしれない、先代の社長がうまく地盤を築き、番頭たる年長の部下たちがうまく現場を回せているだけかもしれない。

もちろん、会社がうまくいっている間は「人格経営」は肯定されるだろう。

だが、将来的に業績が落ち込んだとき、この経営者は「部下の人格」に業績低迷の原因を求めるかもしれない。

「君たちは人格を磨かなければダメだ」といったように。


よく考えると、それはとても怖いことだ。

かつて、私がコンサルタントとして関わった会社では、「素直な人は成長する」という標語を掲げ、「素直さ」を大きく社員に求めた。

しかし、よく考えれば「素直さ」と「成長の度合い」は、「擬似相関」かもしれない。

実際には、成長の度合いは「与えられた仕事の質」と「上司の指導に費やした時間」のほうが、素直さよりもよほど因果関係があるように私は感じた。

上司がいい仕事を与え、指導に時間をかければ、部下は結果を出す可能性が高い。そして、結果を出すことができれば、部下は素直に上司の言うことを聞くだろう。

「素直さ」は、結果にすぎないかもしれないのである。

だが、マネジメントが稚拙な上司は「素直さ」を信奉するあまり、よい仕事を与えもせず、指導もそこそこに、「おまえが素直でないから、いつまでも仕事ができないのだ」と言う。

私はそういった状況を数多くの会社で見て、経営者や上司の「精神論や思い込みに起因するマネジメント」の稚拙さを思い知ったのである。

経営者や管理職が、
「素直は素晴らしい」
「気合が重要だ」
と思い込むのは勝手である。

しかし、方法論が不在であるのに、人格や精神論をマネジメントに適用し人に強要するのは愚かなことであろう。

第3章

どうすれば、「バカな振る舞い」をやめることができるのか？

自分の感覚を疑うことが、明晰な思考への最初の一歩。

人は、「自分自身の得た実感」に非常にこだわってしまうことがある。

たとえば、ある会社の経営者は、アンケートや売上のデータなどの分析から、顧客の嗜好《しこう》が明らかに3年前から変化していることがわかったにもかかわらず、頑《かたく》なに商品の仕様の変更を拒んだ。

その経営者は、「オレがお客さんのところに行って見た実感からすると、今の路線は正しい。変更の必要はない」と言っていた。

アンケートや売上のデータが経営者の間違いを示していたとしても、彼はこう言って聞き入れようとしない。

「アンケートや市場調査なんて、本当のところはわからない。自分の現場での実感を大切にしなければダメだ」

結果的に、その後の業績低迷により、社長交代が起き、ようやくこの会社は持ち直した。

◆

- **実感を大切にしよう**
- **直接、見聞きした話でなければ、信じられない**
- **データよりも現場感だ**

このような言葉を、なぜ無批判に受け入れてはならないのか？

たとえば、「太陽は地球の周りを回っている」と言っている人が隣にいると想像してほしい。

彼は「データがいくら示そうと、オレの『実感』はやはり、太陽が地球の周りを回っている」と言う。

この場合、実感が正しくないことは明らかだ。

だが、朝日新聞が調査したところでは、公立小学校の４年生～６年生の３４８人のうち、42％が「太陽は地球の周りを回っている」と答えたそうだ。[*24]

もちろん、子どもたちは地球が太陽の周りを回っていることを知識として習ったうえでの解答である。しかし、一部の子どもは素直に実感を重視してしまうのである。

むろん、大人でも「実感」は大きな影響力を持つ。たとえば、ダニエル・カーネマンが『ファスト＆スロー』で紹介している次の問題を見てほしい。[*25]

バットとボールは合わせて一ドル一〇セントです。
バットはボールより一ドル高いです。
ではボールはいくらでしょう？

すぐにひらめいた数字は、多くの人が10セントだろう。それが人間である。だが、それはもちろん間違いで、正解は5セントだ。

しかし、間違えても恥ずかしがることはない。何せ、この問題に答えたハーバード大、マサチューセッツ工科大、プリンストン大の学生の50％が間違った答えを出しているのだから。

これは、頭の善し悪しの話ではない。

人間とは、感覚に従って思い込んでしまう生き物なのだ。

もちろん、実感は正しいときもある。だが実際には、どんなに賢い人のそれであったとしても、それほど無条件に信用に値するものではない。

これらの事実を踏まえて考えると、**明晰な思考に何より必要なのは「自分自身の実感」の否定である。**

- **自分の実感とは、逆の仮説を立てる人**
- **自分のなじみのある考え方とは、逆の結果を示すデータ**

・自分の意図したこととは、別のことが起きている事象

こういったことに着目しなくてはならない。「反証」を探ることが、真実にたどり着く道である。

米ゼネラル・モーターズのかつてのCEO、アルフレッド・スローンは最高レベルの会議において、出席者全員の意見が一致していることに対し、こう述べたという。[*26]

それでは、この問題について異なる見解を引き出し、この決定がいかなる意味をもつかについてもっと理解するための時間が必要と思われるのでさらに検討することを提案したい。

ドラッカーはこの発言を見聞きし、スローンについて次のように述べている。[*26]

スローンは直観で決定を行う人ではなかった。意見は事実によって検証すべきことを強調していた。しかも結論からスタートしそれを裏づける事実を探すようなことは、絶対に行ってはならないとしていた。その彼が、正しい決定には適切な意見の不一致が必要であるとしていた。

だが、現実的には多くの会社で行われているのは逆のこと、すなわち、次のようなことだ。

- **「自分の意見を強化する意見」ばかりを集める**
- **「自分に有利なデータ」ばかりを見る**
- **「自分に賛同してくれる人だけ」に会いに行く**

その結果、「実感」は強化され、いつの間にかそれが正解となるが、残念ながらこれでは質の高い思考はできない。

自分の実感ときちんと距離を取り、時に否定もできなければ、ブレークスルーはない。でなければ、「太陽が地球の周りを回っている」という小学生と変わらない。

「物事がうまくいかないときは、前提を疑うべき」という癖づけがされている人は強い。

ネットで、次の相談が目に飛び込んできた。[*27]

私は正社員になりたくて就職活動をしています。
就職活動を1年間してきましたが、事務の内定を取れません。
このままだとまずいということはわかっているのですが、
最近では、就職活動を頑張る気が起きません。

もうやめたいとすら思ってしまいます。

非正規雇用で働いていたばかりに悲惨な現状にあるという話は、ネットにいくらでも転がっていますね。

それを見ると20代のうちに正社員にならないといけないと思うのですが、やる気が出なくて困っています。

厳しい言葉でもいいので、どうすべきか教えてください。


もし本当のことであれば、相談者のことをとても気の毒に思う。

だが、気の毒に思うのは「内定を取れない」ことに対してではない。1年以上も同じことを繰り返して、「前提を疑うこと」ができなくなっていることにである。

これに近い話がある。

たとえば、あるＩＴ企業での話だ。

◆

受託開発をしていた彼らは、納期を遅延しながら、長時間労働で苦しんでいた。

現場の技術者たちは、必死に努力をしていたが、思うように状況は改善されない。

私は、経営陣や現場にヒアリングをした。


「生産性の向上が必要だ」

「見積もりの精度を高めなければならない」

「スキルの向上で効率よく開発を」

「ツールを導入したい」


さまざまな改善策が挙がってきたが、どれも時間がなく、一向に改善は進んでいなかった。

そのような中、ある「前提」については、誰も疑いを持っていなかった。

それは何か？

「売上目標を達成しなければならない」という前提である。

売上目標を達成するには、営業がかなりの努力をして、仕事を取ってこなければならない。

しかし、目標は「成長」という名目で、それなりに厳しい数字に設定されている。したがって、次のようなフィードバックループに陥っていたのである。

売上目標が高い
←
営業が無理をしてでも仕事を取ってくる
←
現場に負担がかかりプロジェクトが遅延する
←
売上目標の達成が厳しくなる
←
さらに営業が無理をする

そこで、経営者に「売上目標はどのように立てているのですか？」と聞いた。

すると、「前年の数字に、成長目標をプラスして目標をつくっています」と回答した。

「なぜ、成長目標をプラスするのですか？」と私が聞くと、「全員の給料を上げなければならないし、利益も出さなくてはならない」と言う。

だが、次の点については、細かな検証は誰も行っていなかった。

「本当に全員の給料を上げなければならないか？」
「利益額は今の水準が適切なのか？」
「大幅な成長が必要なのか？」

あえて言えば、「なんとなくこれくらいは成長が必要」という思い込みによる目標である。

だが、目標値を下げることで、現場の負担のみならず品質的な改善も成し遂げることが可能かもしれない。

現場の負荷を下げなければ、新しい試みはできないし、そもそも「永遠の成長」はありえない。

「前提」を疑うことで解決可能な問題は、極めて多いのである。

「前提条件」という言葉がある。

その定義は、『プロジェクトマネジメント知識体系ガイド』には、こう書いてある。[*28]

> 計画を立てるにあたって、証拠や実証なしに真実、現実、あるいは確実とみなした要因。

この「前提条件」を疑うことは、非常に強力なツールであり、たとえばディベートでも有効である。

相手が「出発点」としている前提、仮定を攻撃することで、その後の論理をすべて無にできるからだ。

これは、自問自答するときにも極めて有効だ。

「私はどんな前提にとらわれているのか？」という問いを、自分に向けるのである。

冒頭の就職活動中の相談者であれば、おそらく前提としている条件はちょっと見るかぎりだけでも、３つある。

- **事務仕事に就かなければならない**
- **20代のうちに正社員にならなければならない**
- **就活は頑張らなくてはならない**

これは「過労に陥っているのに、会社を辞めることができない人」や「ブラック企業で酷使されてしまう人」にも同じことが言える。

「つらいなら、辞めればいい」という言葉が、本当につらい人に届かないのは、前提を疑うことにはエネルギーを使うため、それができない状態になっていることも考えられる。

前提とは、すなわち公理である。公理が間違っていれば、間違った結論にしかたどり着かない。

逆に言えば、「物事がうまくいかないときは、前提を疑うべき」という癖づけがされている人は、非常に強い。

そういう人は、問題解決能力が高く、時として偉大な発見に至ることもある。

デカルトは真理を追求するために「間違った前提」から推論を出発することを恐れ、「絶対に疑うことのできないもの」を探した。

そして、彼は「今ここにいる私が疑っている、という事実」から、推論を出発したのである。

それが、「我思う故《ゆえ》に我あり」という言葉だ。

アインシュタインは、古典力学で検証なく受け入れられてきた「時間の流れは不変」「光速度は可変」という前提を疑うことで、「相対性理論」を構築した。

このように、**世界のとらえ方、人生の見方を変えるには、「公理」、すなわち「自らが検証なく受け入れている真実」を疑わなくてはならないのである。**

「ニセの知識」に踊らされないために。

16世紀の哲学者、フランシス・ベーコンは「知は力」と説いたが、この言葉だけでも彼の恐るべき先見性がわかる。

かつて教養人の嗜《たしな》み、暇を持て余した人々の遊び程度でしかなかった「知識」は、現代において「技術」と結びついたことで、単なる概念にとどまることなく、世の中に実際に影響を与える「力」となった。

たとえば、二重螺旋《らせん》や転写などのＤＮＡについての「知識」は単なる概念にすぎないが、「遺伝子工学」といった技術と結びつくことで薬をつくり出したり、有用な生物をつくり出したりすることができるようになる。

生成文法など言語についての「知識」は単なる概念の集合だが、「電子工学」「ソフトウェア工学」「ハードウェア工学」などと結びつくことにより、人工知能に至るようになる。

このように、「知識」と「技術」の結びつきは、世の中を変えてきた。

知識が技術と結びつくにあたって重要だったのは、再現性や普遍性だ。

せっかく飛行機をつくっても、「飛んだり飛ばなかったりする」ではマズいし、薬についても「効いたり効かなかったり」ではダメである。

技術者が成果品の動作を保証するためには、元になる知識の再現性や普遍性が絶対に必要だ。

だが、扱う対象が複雑になればなるほど、「知識」の再現性や普遍性を保つことは難しい。

たとえば「惑星の軌道」は単純だ。いくつかの知識を使えば、簡単に計算ができる。

だが、「ビジネス」や「人」は対象として複雑なため、再現性や普遍性のある知識が少ない。

中小企業の経営者に多数のファンを抱える多摩大学の田坂広志は『なぜマネジメントが壁に突き当たるのか』で、意思決定について次のように語る。[*29]

深い直観力が求められる重要な意思決定の場面において、最も大切なことは「何を選ぶか」ではありません。

最も大切なことは「いかなる心境で選ぶか」なのです。


一見すると、含蓄があり、真理を突いているようにも見える。

だが一方で、マネジメントの大家であるドラッカーは、意思決定の基本を次のように説いている。[*30]

・問題を明確にする
・意見の対立を促す

・意見の相違を重視する
・行動するかしないかいずれかであり、中途半端は存在しない
・意思決定は責任を割り当てなければならない
・意思決定はフィードバックの仕組みを組み込まなくてはならない

田坂広志、ドラッカーの2つのケースだけをとっても、意思決定について異なった知識を提示しており、本当に再現性や普遍性がある知識なのか、判断することは非常に難しい。

グーグルで検索すれば「効果的な意思決定のための5つの方法」といったタイトルの記事を見るが、手軽に手に入る「知識らしきもの」があふれているため、どの知識が妥当性のあるものなのか迷うことも多いだろう。

◆

情報化社会、知識経済社会では、何が「知識」で、何が「ニセの知識」なのか、我々

はそれを利用する前に注意深く判断しなければならない。

では、どうすれば「知識」と「ニセの知識」とを区別し、使いこなせるようになるのだろうか。

1つの方法は、「科学的手法」にもとづいている知識を信用することである。

たとえば、次のような原則を採用している場合は、より信頼性の高い知識となる。

- **定量的な測定が行われている**
- **統計的に有意かどうか検証されている**
- **反証可能性が保たれている**

逆に、誰か1人の純粋な経験のみにもとづく場合は、信頼性の低い知識であるとみなすべきだろう。

しかし、である。現実的には「科学的手法で検証済みの知識しか利用しない」とすることは無理がある。

また、そもそも「科学的に検証不可能だから間違いである」と言い切ることもできない。「意思決定は、決定するときの心境が大事である」というのは、科学的に検証されている知識ではないが、自分が使う分には十分有用だ、とすることもできる。

だから、学者にかぎらず「知識」をうまく利用する人は、その信頼性の程度をたしかめながら使っている。

- **この知識はどのような経験やデータから導かれたのか**
- **誰の生み出した知識なのか**

最低限、これらを押さえておき、「間違った知識かもしれない」と留保をしておくことが肝心だ。

逆に言えば、「ニセの知識」かどうかは、活用してみないとわからないことも数多くある。

「仮説」→「検証」がビジネスにおいて重要なのは、そのためだ。

経験則に頼る前に、データを見なければならない。

企業において、営業の領域や、人事の領域においては、まだまだ「経験則」を重んじる会社も多い。

だが、最近では各種のデータが手に入りやすくなり、統計的手法が用いられやすくなってきたためか「ビジネスの権威や先輩」の経験則に各方面から猜疑《さいぎ》が投げかけられている。

たとえば、管理職の大きな悩みの1つに、「部下を褒めて伸ばすか、それとも叱って育てるか」というものがある。

年配の方は「厳しくしないと育たない」と経験則を述べるが、最近の管理職向けの研修などでは、「最近の若手は叱られ慣れていないから、叱るのはやめたほうがいい」など、意識の変化を促すような内容も語られる。

いったい、どちらを信じたらよいのだろうか？

ダニエル・カーネマンは『ファスト＆スロー』で、イスラエル空軍の指導教官に対して「訓練効果を高めるための心理学」を教えていたときのエピソードを紹介している。[*31]カーネマンが「部下は叱るよりも褒めるべき」とベテランの教官たちに説明したときの話だ。

私が感動的な講義を終えると、ベテラン教官の一人が手を挙げ、自説を開陳した。それはこうだ。うまくできたら誉めるのは、たしかにハトでは効果が上がるのかもしれないが、飛行訓練生に当てはまるとは思えない。訓練生が曲芸飛行をうまくこなしたときなどには、私は大いに誉めてやる。ところが次に同じ曲芸飛行をさせると、だいたいは前ほどうまくできない。一方、まずい操縦をした訓練生は、マイクを通じてどなりつけてやる。するとだいたいは、次のときにうまくできるものだ。だから、誉めるのはよくて叱るのはだめだ、とどうか言わないでほしい。実際には反対なのだから。

こうして、統計と経験則の主張は、往々にして食い違う。だが、じつはこれにはすでに正解が出ている。実際には「褒めても叱っても結果は同じ」なのである。

カーネマンは、こんな説明をしている。[*31]

教官が観察したのは「平均への回帰（regression to the mean）」として知られる現象で、この場合には訓練生の出来がランダムに変動しただけなのである。教官が訓練生を誉めるのは、当然ながら、訓練生が平均をかなり上回る腕前を見せたときだけである。だが訓練生は、たぶんそのときたまたまうまく操縦できただけだから、教官に誉められようがどうしようが、次にはそうはうまくいかない可能性が高い。同様に、教官が訓練生をどなりつけるのは、平均を大幅に下回るほど不出来だったときだけである。したがって教官が何もしなくても、次は多かれ少なかれましになる可能性が高い。つまりベテラン教官は、ランダム事象につきものの変動に因果関係を当てはめたわけである。

褒めようが叱ろうが同じ結果を生むのであれば、人間関係が円滑に回るほうがよいのは当然である。

このような「誉める叱る論争」にかぎらず、企業の現場では依然として「オカルト」とも呼ぶべき「経験則」信奉が数多くある。

たとえば、「営業はとにかく相手に尽くせ」と述べる「元トップ営業マン」が世の中には数多くいる。

お客さんにこちらから与え続ければ、それを感じ入って、それ以上の見返りをもたらしてくれる、という経験則である。

しかし、ペンシルベニア大学ウォートン校のアダム・グラントは『GIVE&TAKE「与える人」こそ成功する時代』で、「いい人である」だけでは絶対に成功できないと言い、あるコンサルティング会社のマネジャーの事例を取り上げている。*32

バウアーは頭がよく有能で、やる気にあふれていたが、あまりに人のことを考えすぎていたために、自分の評価や生産性を危うくしていた。「どんなことにも、けっしてノーといわない人ですね」と、ある同僚はいう。「あまりに気前よく自分の時間を割いたので、お人好しすぎると思われてしまったんです。それで、パートナー（コンサルティング会社においての最高ランクの役職）への昇進が延び延びになってしまった」

彼はコンサルティング会社の3600名を対象とした研究を引用し、「ひたすら与える人」は昇給率、仕事の速さ、昇進率すべての面で他者にくらべて劣っていると実証した。[*32]

「ひたすら与える」だけでは成功することは難しいのだ。

ほかにもある。

「人を見る目がある」「最初の○分で人を判断できる」というのも、本当かどうかは疑わしい。

たとえば、グーグルの人事担当責任者が書いた『ワーク・ルールズ』の中の統計によれば、「面接での判断が上手な人」というものはほとんど存在しない。5000件の面接を分析すると、ほとんどの「個人の判断」は、「多数の人のフィルターを通した判断」より精度が劣ることがわかっている。[*33]

彼らの分析によれば、面接は4回行うのが最も最適で、誰かの「この人はよい」という判断は、概ね役に立たない。[*33]

だから、お偉いさんの「人を見る目がある」などという言葉は、人材の質を表すのではなく、ほとんどの場合においてその人の好みを表すにすぎない。

実際には、それは人を信じて痛い目を見たことを忘れている一方で、また人を信じて成功したときの記憶が残っているというだけである。

さらに、「経験年数が多いほうが、スキルが高い」についても、統計は猜疑を投げかける。

たとえば、『超一流になるのは才能か努力か?』で紹介されている、ハーバード・メディカルスクールの研究チームはこんなデータを発表した。[*34]

医者としての活動年数が長いほど能力が高まるのであれば、治療の質も経験が豊富になるほど高まるはずである。しかし結果はまさにその逆だった。論考の対象となった六〇あまりの研究のほぼすべてにおいて、医師の技能は時間とともに劣化するか、良くても同じレベルにとどまっていた。年長の医師のほうがはるかに経験年数の少ない医師と比べて知識も乏しく、適切な治療の提供能力も低く、研究チームは年長の医師の患者はこのために不利益を被っている可能性が高いと結論づけている。

これは医師だけではなく、他業種のベテランであっても似たようなことが言えるだろう。

年功給は「ベテランほど技能が高い」ことを前提としているが、こういった研究結果を見ると、それは事実と反することがわかる。年功制の崩壊は、必然であったのだ。

◆

こうしてみると、総体的に言って、「経験と年次による秩序」は破棄され、「データと科学的手法による秩序」が企業の現場を変えつつあり、かつ実績をあげている。「ＡＩの活用」を掲げる企業が多いのも、この潮流だろう。

それらは「経験だけはあるが、じつは仕事ができない人」を、今まで以上に浮き彫りにするのである。

人間は、もともと意志ではなく惰性で動きやすい。

どうにもやる気が出ない、そんなときもあるだろう。

そんなとき、「やる気」を高めるやり方として自己啓発書などには、次のようなことが書いてある。

- **気分転換をする**
- **将来の自分を想像する**
- **ご褒美を出す**

このような、「気分」「マインド」を入れ替えて行うといった手法が紹介されている。

しかし気分やマインドを切り替えられないからこそ、やる気が出ないのであり、この方法はあまり実用性がない。

が、一方で「やる気」は脳の研究分野の1つでもあり、科学的なアプローチも進められてきた。

脳科学者の池谷裕二は、糸井重里との共著『海馬 脳は疲れない』で、「何かを始める」と、側坐核《そくざかく》という脳の部位が活性化し、やる気が出るとしている。*35

これは、つまり「気分」「マインド」が先ではなく、「行動することでやる気が出る」という、従来のイメージと逆の主張だ。

たしかに個人的にこれは思い当たるフシが数多くあり、「やる気が出ない」という言葉は、単純に「まだ始めていない」の言い換えにすぎないと感じる。

つまり、こういうことだ。

・「**勉強のやる気が出ません**」↓ **まだ勉強を始めていません**
・「**仕事のやる気が出ません**」↓ **まだ仕事を始めていません**

本質的には「始めさえすれば」やる気は自然に湧いてくるのである。つまり、仕事、運動、習いごと、何にしろ大変なのは、「最初の一歩」だ。

そうすると、問題は「始めるきっかけ」をどうつくるか、という部分にこそ、存在する。だが、人間はもともと意志ではなく惰性で動きやすい。

たとえば、次のような経験をしたことのある方は多いのではないだろうか。

・**勉強しようと思っていたが、近くにあるマンガを読み出したら止まらなくなった**
・**休日にテレビを見ていたら、そのまま夜になってしまった**

朝起きて、顔を洗い、歯を磨き、服を着替え、朝食をとって、靴を履き、ドアを開け

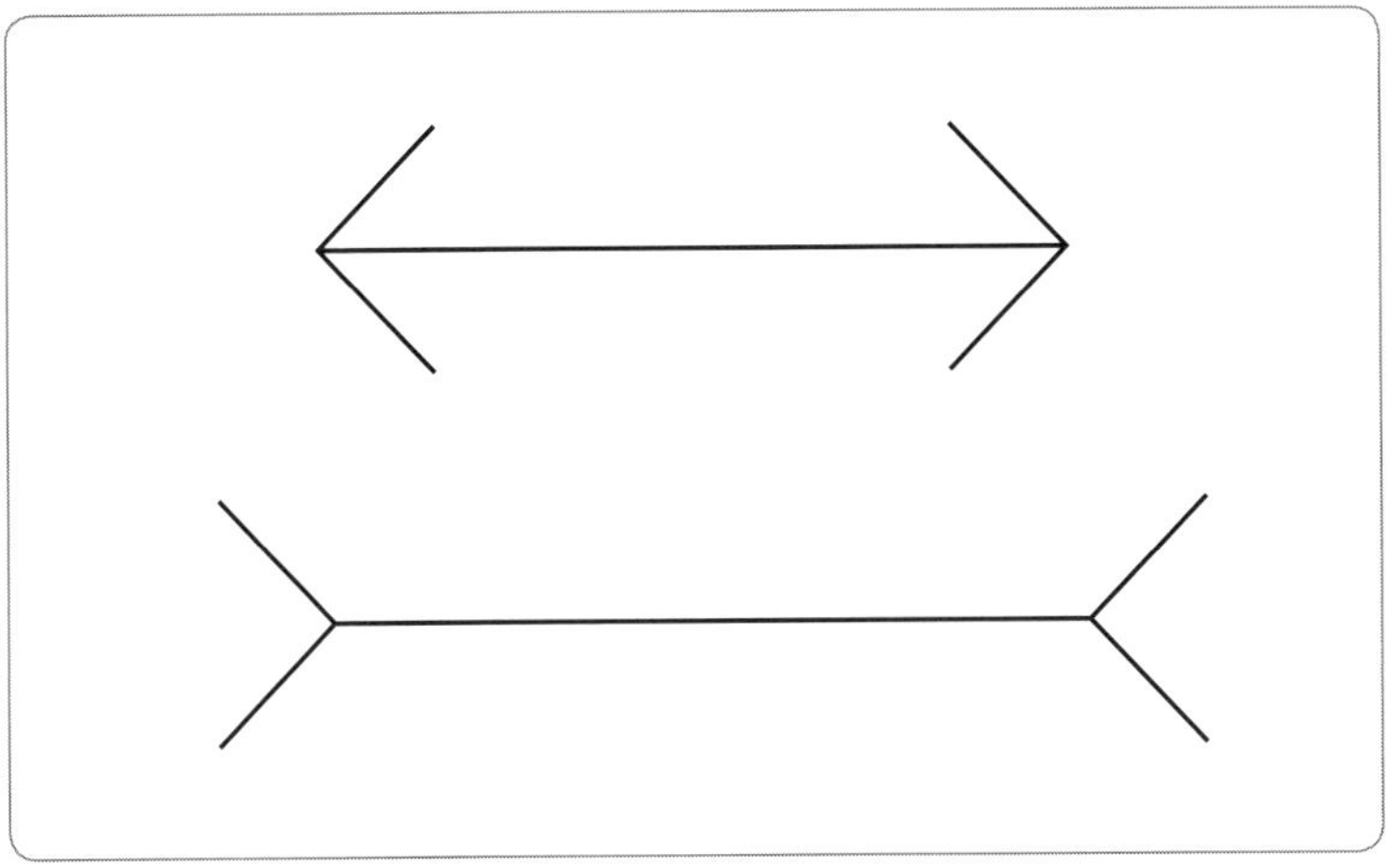

て鍵を閉める。いつも行っている何気ない動作ではあるが、「今朝はどうしたか」を克明に記憶している人はほとんどいないだろう。

これらの一連の動作は、惰性で行われ、たいてい自ら意識することなく行動しているからだ。「通常、人間のほとんどの行動は、自動化されている」のである。[*35]

母国語を見れば無意識に「理解して」しまうし、上の2本の線を見れば、下のほうを長く「感じて」しまう。[*36] これは人間の認識や行動がほとんど直感にしたがって行われていることの証である。

もちろん、人間は時折「意志」を持って行動する。しかし、人にとって意志を働かせるのは、注意力と努力を必要とし、じつはとても大変なことだ。

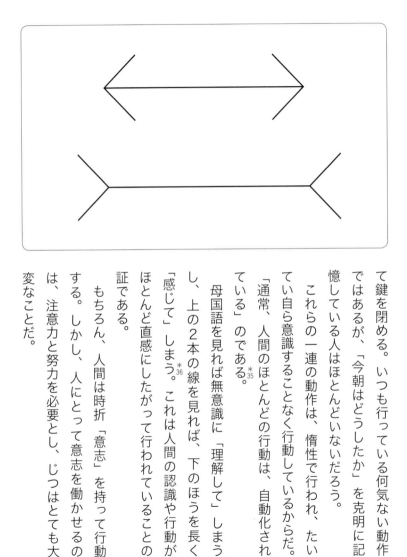

たとえば、前ページの2本の線が等しい長さだと「わかっている」だけではなく、「本当にそうかどうかをたしかめる」には多大な努力を必要とする。

だから、ほとんどの人は、わざわざさきほどの2本の線が等しいかどうかを検証したりはしない。本当に下のほうを長く書いていたとしても、ほとんどの人は気づかない。

結果的に「何かを始めること」に意志の力を要求する場合、それは大きなストレスとなり、結果的に「なかなか始められない」「継続できない」といった事態を引き起こしてしまう。

しかし、これを逆手にとることもできる。

つまり、「何かを始めたい」「何かを継続したい」のであれば、それをいかに「意志の力を使わずに自動化するか」がカギなのである。

「それをやるしかない状況」をつくり出せば、意志の力を利用しないで物事を始めることが可能だろう。

物事を長く継続する能力は、決して一部の「努力する才能」を持った人だけのものではない。

要は、工夫しだいであり、次のような「自動化のコツ」が考えられる。

1　行動の選択肢をできるだけ減らす

何かの作業をしたい場合、周りに何も置かないほうがよいし、ネットに接続しないほうがいい。

たとえば、スマホが周りにある状況は最悪に近い。

子どもに勉強の習慣をつけさせたい場合には、遊び道具のある子ども部屋よりも、選択肢の少ないリビングが向いている。

個人的には昔、提案書等をつくるときは会社の自分のデスクにいるとメールに返信したくなったり、本をあさりたくなったりしてしまうので、会議室にこもって、「それしかできない状況」をよくつくっていた。

注意力、意志力は有限であり、選択肢が多いとそれだけ始めるのが遅くなる。

2　手を動かせるようにしておく

仕事をパソコンで行うのが一般的になりつつあるが、手書きは「とりあえず取り掛かる」のに有利である。

とくに創作活動などを行うときは、キーボードよりも手で何かを書くほうが「始めてみる」がやりやすい。

知り合いのあるブロガーは、わざわざ「ノートに書いて」から、パソコンで打ち直しをしていた。「手で書いたほうが、取っ掛かりが得やすい」と言う。

3　必要になりそうな資料や道具を、あらかじめ周りに用意しておく

作業の途中で必要な資料を探しているうちに、本格的なデスクの掃除になってしまい、結局何もできなかった、という人は少なくないだろう。

作業の中断は、やる気をほかにそらしてしまうことも多い。

それを防ぐためには、思い当たる資料についてはあらかじめ準備をすることが大事だ。また、準備作業を「始める」ことでやる気が刺激されることも多い。

たとえば、昔の研究室の仲間は「実験で必要な器具をそろえること」をやる気を出す

儀式としていた。そうすれば、スムーズに作業に没頭できるようになる。

また、読書をするためのちょっとした工夫として、電車に乗るときはスマホをカバンの中にしまい、本をあらかじめ取り出しておくと、必ず「読書」できる。

これらも「自動化」の一種だ。

4 仮眠をとる

疲れで注意力、意志力が弱まっているとき、10分程度の「仮眠」をとると劇的に意志力が改善される。「どうにもやる気が湧かない」というときには、試してみるとよい。

昔は、仕事中に昼寝をすると解雇されるか、少なくとも厳重な懲戒処分を受けただろう。しかし、現代の職場ではそうともかぎらない。

米国では、昼寝をほんの26分するだけで、業績が34％も上がり、集中力は54％も高まるという研究結果を受けて、雇用者の多くが従業員に十分休息をとってもらいたいと思い、職場に昼寝指定スペースを設けた企業も多数ある。[*37]

5　タスクリストをつくってスケジューリングする

「次に何をすべきかわからない」という状態に置かれると、取り掛かりづらい。

だから、あらかじめ作業しなければならないことの一覧をつくっておくことで「自分を自動化する」ことができる。前日や朝に今日1日の行動計画を立て、スケジューリングをするといい、と言われるのはこのためだ。

また、「毎日◯時からやる」といった、時間を決めたルーチンをつくることも有効で、長いこと1つの習慣を続けている人は、ほとんど何かしらのルーチンを持っている。

◆

繰り返しになるが、やる気の秘訣は意志力にあるのではなく、「自動化」にある。

継続できる人は、特別に意思が強い人なのではなく、うまく自動化を使いこなせている人なのだ。

無能にペナルティを課しても、無能は組織からなくならない。では、どうするか。

いろいろな会社で仕事をしていると、「ケアレスミスをする人」「同じミスを繰り返す人」にけっこうな割合で遭遇する。

やれるのにやらない、わかっていてもできない、大事なことを忘れる、そのような行動を繰り返す彼らにつけられる名前は、無慈悲そのものだ。すなわち、「無能」である。

無能にペナルティを課しても、無能は組織からなくならない

そして、世間は「無能」には極めて厳しい。ハーバード大学公衆衛生学部の教授、のアトゥール・ガワンデは『アナタはなぜチェックリストを使わないのか?』で、次のように表現する。[*38]

私たちは、そのような「無能」の失敗に対しては感情的になってしまいがちだ。「無知」による失敗は許せる。何がベストなのかがわかっていない場合は、懸命に頑張ってくれれば私たちは満足できる。しかし、知識があるにもかかわらず、それが正しく活用されていないと聞くと、私たちは憤慨せずにはいられない。

ガワンデの述べるとおり、「知っているのにやらない」ときや、「わかっていてミスを

した」ときには、組織はミスをした人物に非常に冷酷な仕打ちをする。叱責で済めばまだいい。時には罵倒され、左遷され、「使えないヤツ」の烙印を押される。

組織の内部で「使えないヤツ」とみなされることは、どんな人であっても、耐え難い苦痛となろう。

仕事が個人のアイデンティティの多くを占めるような今の状況下では、なおさらである。

だが不思議なことに、ペナルティを課しても本質的に「無能を排除できた組織」はほとんど見ない。

「無能はクビにすればいい」と言う過激な経営者も見たが、クビにしたところでまた別の人間が無能とみなされるだけである。

- **上司の指示を忘れる**
- **クレームを繰り返し受ける**
- **遅刻する**

・資料の提出を忘れる
・伝達ミス

「なんでこんな初歩的なミスを……」ということまで、多くの組織では一向に「無能」が減る気配はない。

なぜ無能を組織から排除できないか

では、いったいなぜ、無能はなくならないのだろうか？

結論から言うと、**「無能は、個人に紐《ひも》づくのではなく、組織に紐づいているから」である。**

無能は、個人の能力の欠如ではなく、組織の能力の欠如にもとづくので、個人を排除しても、いつまでも無能は組織に残り続ける。

逆に言えば、無能な組織は、無能な（とみなされる）個人を生み出し続ける。

中小企業の経営者で「うちには優秀な人が来ない」と嘆く人がいるが、それは「私のマネジメントは無力だ」を言い換えているにすぎない。

したがって、組織が「ミス」を人間の能力の欠如が原因だとしているかぎり、無能は組織からなくならない。

だから、「やる気を見せろ」「気をつけろ」「同じミスを繰り返すな」といった言葉は、まったく改善につながらないし、結果的に無能はなくならない。

結局のところ、「意志力」や「注意力」、あるいは「やる気」に頼るのがいかに危険なことか、「無能」を排除できていない会社は、わかっていないのである。

たとえば、同じ事象を見ても、次の①と②のように、会社によってミスへの対処は分かれる。

・部下が日報を書こうとしたタイミングで、お客さんから電話が入り、その対応をしているうちに日報のことが頭から抜けてしまったらしい。そこで……。

①　叱責して書くように言う
②　日報のリマインドが定時に入るようにする

・営業マンへ、お客さんから住所変更の連絡があったにもかかわらず、それを社内のデータベースに反映するための手続きをとらず、あと回しにしてしまったらしい。そこで……

①　定例会などで注意喚起する
②　住所変更の担当を一元化する

・お客さんに不明な点を質問していたが、回答が遅く、それを忘れたままプロジェクトが進行していたので、あとになって大きな問題となった。

①　ミスをした個人の評価を下げる
②　宿題を記録するフォームをつくり、メンバー全員と顧客とで共有する

どちらのマネジメントが優れているかは、自明だろう。

無能を排除できた組織は何をしているか

先述したように、「無能」を排除できた組織は、何をしているのかと言えば、それは「意志力」を当てにしないことに尽きる。

「人はミスをする」
「人は忘れる」
「うまくいかないのが普通である」

それらを前提として組織をマネジメントすることでしか、ミスを減らしたり、なくしたりすることはできない。

昔ながらの「気をつければミスはなくせる」と言う人もいるかもしれない。だが、気をつければいい、というのはほとんどの場合、過信である。
ガワンデが次のように指摘するとおり、ミスは、複雑作業でも、単純作業であっても、能力が高かろうが、低かろうが、危機的状況だろうが、余裕のある状況だろうが、絶対に繰り返し発生する。[*38]
それは、たとえ、高名な大学病院で、人の命がかかっているような重大な局面であってもである。

心肺停止状態から奇跡的に一命を取り留める者もいる。だが、助からない者の方がずっと多い。救助が遅すぎる場合もあるが、それ以外にも機械がうまく作動しなかったり、スタッフがなかなか集まらなかったり、誰かが手を洗うのを忘れて感染症になったりと、うまくいかない原因はいくらでもある。そのような失敗例は医学誌に投稿されないから、人にはあまり知られない。だが、うまくいかないのが普通なのだ。

さらに、こうも、

毎年五千万以上の手術が行われ、一五万人が手術の後に亡くなる。交通事故の死亡者数の三倍以上だ。さらに、それらの死や主な合併症の半数は防げるものであると数々の研究が示している。

どうすれば無能は直せるか

では、どうすれば無能は直せるか？

もちろん、これは簡単ではない。しかし、決して不可能ではない。

最初に大事なことは、無能の改善を個人にまかせてはいけないということだ。前述したガワンデはこう述べている。[*38]

「人」は誤りやすい。だが、「人々」は誤りにくいのではないだろうか。

その言葉どおり、無能の改善には組織力が必要とされる。逆に言えば、「組織力とは、無能な個人を改善する能力」と言ってもよい。

そして、「組織力」の中核は、「何を測定するか」にある。実際、ドラッカーは『マネジメント〈エッセンシャル版〉』で、強く測定の重要性を説く。[*39]

管理のための測定を行うとき、測定される対象も測定する者も変化する。測定の対象は新たな意味と新たな価値を賦与される。したがって管理に関わる根本の問題は、いかに管理するかではなく何を測定するかにある。

ドラッカーの洞察は素晴らしい。

たとえば、あるサービス業でこんなことがあった。

◆

「無能」とみなされている1人の営業マンがいた。

彼は絶望的にクロージングが苦手で、抱えている顧客の受注率において、常に最下位争いをしていた。

上司は口を酸っぱくして「クロージングをしろ」と言うのだが、彼は意識していないのか、商機を逸してしまっていた。

話を聞くと、「ついつい、あと回しにしてしまう」と言う。

そこに、ある1人の営業コンサルタントが入った。

彼は、過去2年間のすべての営業データを見て、9割の受注が営業開始から3週間以内に終わっていることを発見した。

彼は「無能」の営業マンにひと言、言った。

「自分のお客さんの名前と、営業開始日をこのエクセルシートに入れること。そして毎日退社する前に更新して、私にメールするように」

1か月後、彼の営業成績は格段に改善した。

エクセルシートには、「営業開始日から2週間が経過したお客さんのセル」が赤くなるように関数が入っていた。

その営業マンは言った。

「自分で表に記入すると、クロージングすべきお客さんが、赤くなるんです。次の日の朝イチで、お客さんに連絡するように心がけました」

このコンサルタントは、ドラッカーの言う「測定」を行った。

また、「無能」を個人の責任にせず、ツールと仕組みによって、行動の変革を促した。

このツールはのちに、全社的に使われるようになり、会社全体の営業の生産性も向上した。

「無能」は、解決したのである。

「無能」の根本的原因は、組織のあり方。

「無能」を直すのは、測定と、それを実現するツールと仕組みである。

人に「意識改革」を求めてもあまり効果はない。仕組みからアプローチする。

何かの失敗について振り返るときに、2種類の人間を見かける。

- **「犯人探し」をする人間**
- **「原因探し」をする人間**

彼らは似たことをしているようだが、その実はまったく異なる。

「犯人探し」を主に据える人の発言は、次のとおりだ。

「誰に責任があるんだ！」
「こんなことになってしまって、どうしてくれるのだ！」
「謝罪せよ！」
「担当者を変えろ！」
「あいつが悪い！」

彼らの頭の中にあるのは、「この事態を招いた人間を糾弾し、責任を取らせ、意識改革を促すこと」だ。

したがって、彼らは失態を犯した人を糾弾しなければならないと考える。

代わって、「原因探し」を主に据える人の発言は、次のとおりだ。

「何がこの事態を引き起こしたのだ」
「どのような方法がまずかったのか」

「何が原因なのか」
「やり方を変えよう」
「仕組みを変えなければ」

彼らは「人」の責任も考えるが、むしろ「システム」「仕組み」の何に欠陥があるのかを考える。「有能な人がいなければ回らない仕組みは、欠陥がある仕組みだ」と言う。もちろん、どちらが正しいと断言できることではない。だが、企業において継続性のある成功を求めるのであれば、後者のほうが格段に優れている。

ドラッカーは、「人と仕事の関係」について次のように述べている。*40

前職において十分な仕事ぶりを示してきた人を二人、三人と挫折させる仕事は、そもそも人の仕事ではないものと考えなければならない。

勘違いされやすいが、「卓越した人でなければ成功できない仕事」は、そもそも会社にとっては敵である。

もちろん有能な人に任せるのと無能に任せるのとでは、成功の確率は天と地ほども違う。しかし、無能に大きな仕事を任せる人は、ほとんどいない。どんな企業でもそれなりの仕事にはそれなりの実績を持つ人をあてるはずである。

したがって、仕事における失敗の原因はほとんどの場合、次の3つにあると考えるほうがはるかに妥当だ。

- **仕組み**
- **制度**
- **環境**

コーネル大学で食品・ブランド研究所を運営するブライアン・ワンシンクの『そのひとクチがブタのもと』では、こんな実験結果を紹介している。[*41]

映画館の観客に、ソフトドリンクとポップコーンを無料で渡した。一方のグループにはMサイズの容器に入ったものを、もう一方のグループにはLサイズの容器に入ったものを。

どちらの容器も大きく、食べきれないほどの量のポップコーンが入っている。そしてポップコーンは「湿気っているマズイもの」を入れた。

一見すると、何の実験かわからないが、真の目的は「大きい容器を渡された人ほど、多く食べるか?」を測定することにあった。

結果は意外なことに、たとえマズいポップコーンでも、Lサイズの容器を渡されたほうの人々はMサイズの人々よりも53％も多く食べていた。

しかも、この実験は再現性があった。つまり、「ダイエットをしたければ、小さな皿に盛れ」ということがわかった。

これは、人間の意識の問題に見えても、じつは環境の問題であることが多いことを示している。

「大食いに気をつけろ」と人に意識改革を促すよりも、皿の大きさを変えるほうがはるかに簡単だ。

パフォーマンスの改善を意識改革に求めることは「頭の悪い行為」である。

パフォーマンスの改善をするために人の行動を変えたいなら、「環境を変える」のが最も効果的だ。

◆

トヨタではトラブルの真の原因を分析するために「なぜそれが起きたのか？」を5回繰り返して問うという。

だが、「頭の悪い会社」にはそれを使いこなすことはできない。なぜなら、「なぜ？」を5回繰り返すと、たいてい「担当者の不注意」や「担当者のスキル不足」など、安易に人の責任にしてしまう誘惑が働くからだ。

そこには、喜々として「犯人探し」をする人間がいる。

だが、そんなことをしている暇があったら、「どのように環境を変えればパフォーマンスが上がるか」に頭を使うほうが、はるかに建設的であることは言うまでもない。

ネットで「不愉快な人はすぐにブロック」は、ネットワーク科学の見地からすると合理的。

「不愉快な人」に出会ったらどうするか？

リアルな場での出会いの場合、多くの人は可能なかぎり「連絡をとらない」「顔を合わせない」という行動に出るだろう。場合によっては、職場を辞めたり、コミュニティを抜けたりするかもしれない。

要するに、「不愉快な人との間のネットワークを断ち切る」のである。

では、同じように「ネット」という場所で不愉快な人に出会ったらどうするか。

私の知人の1人は、「えっ、すぐにブロックするのは当たり前じゃない?」と言っていた。

彼によれば、「不愉快な人物の発言が目に入るだけでも、消耗する」からなのだそうだ。

「別の意見を聞くことも重要では?」と投げかけると、「インターネットでは建設的な議論は難しいので、そんな時間のムダはしない」と言う。

私はそれが正しいかどうか、判断をしていなかったが、1冊の本『つながり 社会的ネットワークの驚くべき力』を読んだときに、次のように感じた。

これは単純な問題だったのだ。

結論としては彼の言うとおり、「ブロックする」のが合理的だ。それもすぐに。

なぜ、「不愉快な人はすぐにブロック」が最も合理的なのか?

◆

『つながり 社会的ネットワークの驚くべき力』の著者であるハーバード大学の教授、ニコラス・クリスタキスは、マサチューセッツ州フレーミングハム出身の12万人以上のデータを分析して、「幸福のレベル」を調査し、そのつながりを調べた。[*42]

クリスタキスは、次の2つのことを導き出した。

1 ネットワーク内では不幸な人は不幸な人同士で、幸福な人は幸福な人同士で群れをつくっている

2 不幸な人はネットワークの周縁に位置するようだ。つまり、社会関係の連鎖の末端、ネットワークの外れに存在する傾向が高い

クリスタキスは、このネットワークの時間的、空間的分析から、「友人・知人の幸福が、別の人の幸福に影響を与える」と指摘する。

ネットワークの数学的分析から、直接つながっている人（一次の隔たりにある人）が幸福だと、本人も約15％幸福になるらしいことが示されている。

しかも、幸福の広がりはそこで止まらない。二次の隔たりのある人（友人の友人）に

対する幸福の効果は約10％、三次の隔たりのある人（友人の友人の友人）に対する効果は約6％あるのだ。四次の隔たりまでいくと効果は消滅する。

この「友人の友人の友人」という、ほとんど面識のない人でさえ、ポケットの数百ドルよりも、幸福に大きな影響を及ぼすかもしれないという事実から、クリスタキスは「付き合う人を選べ」という。

そのキーとなる要因は、「感情の伝播」である。

友人の感情の状態までを考慮に入れると、より多くの友人を持つだけでは十分ではないことがわかる。より幸福な友人を持つことが、私たち自身の感情を健やかに保つカギなのである。

ここまでくると、「不愉快な人はすぐにブロックが正解」の理由がわかる。

1つ目の理由は、**「人を貶《おとし》めたり、過激な発言をしたりしている人」が、目の届く範囲にいると、自分もその人の「感情」の影響を強く受けてしまい、人を攻撃しかねない、**ということ。

2つ目の理由は、**自分が怒ったり不幸になったりすると、大切な自分の友人までその**

被害を受けること。

自分だけが争いに巻き込まれるならともかく、自分の大切な友人や知人を負の感情にさらしていい、という人は少ないだろう。

◆

「友達・知人を選べ」という、非常に当たり前の助言は、ネットワークの解析によって正しいことが明らかになっている。

そして、もちろんこれは「職場を選べ」と言っていることにも等しい。

不愉快な人物が数多くいる職場では、自分自身も「不愉快な人物」になってしまっている可能性がある。それは家庭に持ち込まれ、友人との飲み会に影響し、親戚付き合いを変える可能性がある。

余談だが、このような事実を踏まえると「会社のトップの機嫌のよさ」や「管理職の機嫌のよさ」が、職場を選ぶ際に、非常に重要な情報であることは間違いないと言えるだろう。

また、「不愉快な人物が多い」からと言って、「孤独」を選択することもまた、よい選択ではない。クリスタキスの調査では、「絶えず孤独を感じている人は、２年から４年のうちに平均して約８％の友人を失う」ことがわかっている。[*42]

そのせいで、彼らはますます、孤独になる。

孤独な人が引きつける友人はただでさえ少ないのに、そのうえ彼らは少ない友人しか持とうとしない場合が多いからだ。

要するに、**「孤独」はつながりを失う原因にして、結果なのである。**

感情とネットワークは相互に強化し合い、「豊かな者はますます豊かに」というサイクルを生み出す。

最も多くの友人を持つ人が恩恵を受けるわけだ。友人の少ない人は孤独を感じやすい。すると、この感情のせいで、新しい社会的「絆」を引き寄せたり結ぼうとしたりする可能性が低くなってしまうのである。

精神を健やかに保ち、健全な人間関係を育むには、「ネガティブな感情を持つ人々」からとにかく距離を置くこと。そして、「幸福な友人」をたくさん持つこと。これに尽きるのである。

他者を攻撃することで有能さを示すより、助けることで有能さを示そう。

コンサルタントとして、ある会社の会議に出席していたときのことだ。ある商品プロモーションの企画会議だった。

そして、その日はある若手が、商品プロモーションの企画案を発表する手はずであり、十数名の参加が見込まれていた。今回の商品は社長の肝入りのものであり、皆が注目する企画会議であった。

会議開始から5分ほどして、若手の企画案のプレゼンテーションが始まった。

プレゼンテーションの技術は稚拙なものの、骨格は概ねよく練られた案だった。ただし、それなりのお金がかかる案であり、社長がイエスと言うかどうかは、微妙な状況だ。

プレゼンテーションが終わり、質疑応答に入る。その若手が「何か質問はありませんか？」と言うと、何名かが手を挙げる。

1人の営業マンが指名を受け、質問をした。

「かなりのお金がかかる案だと思いますが、費用対効果はどのようにお考えなのですか？」

たしかに、若手は費用対効果について説明を行っていないわけではなかったが、その部分については多少、説明不足を感じる部分ではあった。

若手は答えた。

「費用対効果は高いと思います。ただ、この予想が正しいかどうかは、最初のマイルストーンでデータを検証したいと思っています」

「そういうものは、事前の検証が必要ではないでしょうか？　現状だと、あまりにデータが足りない。どうするつもりなのですか？」

「……そうですね、いくつか方法を考えます」

さらに別の1人が質問をする。

「『広告作成』について、このラフスケッチだけだと、広告のイメージがわかないのですが？」

若手が言う。

「広告のイメージは、まだ業者選定の段階にあります。いくつかのコンペを経て、選択するつもりです」

「これだけだと、判断できないよ、きちんとある程度固めてから、ここで発表してくれないと」

「……はい」

若手は、明らかに当惑していた。

そこへ、別の部署の課長がスッと割り込んできた。

「いいねえ、この企画」

開口一番、課長は言った。

「さきほどの費用対効果のところだけど、先日うちの部署でやった施策のデータが使えるかもしれない。それで1つ、検討してみてもらえないかな。たしかに検証するための材料が少ないけど、いけそうな気もする」

「はい。わかりました」

「あと、広告のイメージは◯◯という代理店に一度相談してみてはどうかな。たしか、彼らが今までに使った業者が似たようなことをやっていた可能性がある」

「ありがとうございます、助かります」

そして、会議は終了した。

会議が終わり、その課長は若手のところへ行き、何か情報を渡して帰って行った。さきほどの質問をした営業マンは、すぐに出て行ってしまった。

その課長は私のところへ来て、「あの企画、どうでしたか?」と聞く。


「いい企画だと思います」

「まあ、そうなんですが、あの営業たちにも困ってるんですよ」

「どういうことでしょう?」

「いやね、会議には2種類の人たちがいるわけです。他者を攻撃することで有能さを示そうとする人と、助けることで有能さを示そうとする人です」

「……?」

「さっきの営業たちは、あの若手の案を攻撃することで、全体にアピールしていたんですよ。『我々は優秀だぞ』ってね。でも、案は何も出さない。若手の言いたいことを深く理解しようともしない」

「……」

「でも、それじゃダメなわけですよ。会社なんだから、みんなで協力したほうがいいに決まっているし、もっとよくすることができるアドバイスをしたほうが全体としてはるかに有益じゃないですか。それをわかってくれるといいんですけどねぇ。まあ、追及するほうが手助けをするよりは、はるかに簡単ですからね」

◆

私は過去に参加した会議を思い返した。

たしかに、そうかもしれない。

「人の成功を素直に喜べるスキル」を身につけると、いろいろとうまくいく。

以前、一部上場企業に勤める学生時代の友人から、晴れて「課長になった」と知らせがあった。

「おめでとう」と言うと、「でも、ちょっとブルーなことが……」と言う。

私は「何があったの？」と聞いた。

「今までかわいがってくれていた先輩がさ」

「先輩が？」

「その先輩に、『本当にお世話になりました』って挨拶に行ったら、いきなり『おまえとは話したくない』だって。けっこう仲のいい先輩だったのに、人って怖いよ」

「……」

「『その人が悪口を言ってましたよ』って別の人から聞いたときは、さすがにオレはショックだったよ」

働いているとつくづく思うのが、「人の成功を素直に喜ぶのはけっこう難しい」という事実だ。

口では大人を装っているが、飲み会では悪口を言い放題、なんてことも日常。

そんな裏表を見すぎたため、一時、私は人間不信になったこともあった。

◆

根本的に世の中は不公平にできている。

あらゆる面で。

たとえば、知能や容姿、運動神経に代表される「遺伝情報」、また、その人が属している文化、共同体、経済的状況などの「環境」、さらに「運」ももちろん、不公平だ。マルコム・グラッドウェルは、プロアイスホッケー選手の生まれた月が有意に偏っていることについて『天才！ 成功する人々の法則』の中で触れ、こんなことを書いている。[*43]

「アイスホッケーの選手には、同年齢の仲間たちの間で早く生まれた者が多い」という話は、「成功」について何を教えてくれるのだろう？

私たちは、苦もなくトップに登りつめるのは才能ある精鋭たちだと考える。だがホッケー選手の話は、そのような考えが単純すぎることを教えてくれる。もちろん、プロになる選手は、私たちよりもずっと才能に恵まれている。だが、同時に早く生まれた選手は、同じ年齢の仲間たちよりもはるかに有利なスタートを切ってもいる。それは与えられて当然なわけでも、みずから勝ち取ったわけでもない「好機」だ。そして、その好機こそが、選手たちの成功に重大な役割を果たした。

社会学者のロバート・マートンはこれを〝マタイ効果〟と呼んだ。新約聖書のマタイによる福音書の一節を借用したものだ。

〈誰でも、持っている人は更に与えられて豊かになるが、持っていない人は持っているものまでも取り上げられる〉

言い換えれば、成功している人は特別な機会を与えられる可能性がもっとも高く、さらに成功する。金持ちがもっとも減税の恩恵を受ける。できのいい生徒ほどよい教育を受け、注目を集める。そして、体格のいい九歳と一〇歳の少年がもっともたくさんの指導を受け、練習する機会を与えられる。

成功とは、社会学者が好んで呼ぶ「累積するアドバンテージ」の結果である。

「ほんの少しの初期入力の差」が、のちのち巨大な差となって「トッププロ」と「凡人」を分けるほどの差になる。

遺伝、環境、運が人生において重要だとすれば、いずれも「本人の努力」とは関係のない世界で、ある程度は人生が決定されてしまうのである。

人間は不条理が嫌いである。

冒頭の先輩は、間違いなく「なんでオレより、後輩が先に課長に」と憤《いきどお》ったのだろう。

圧倒的な不条理と嫉妬に押しつぶされ、自分の人生に意味を見出せない人は大勢いる。

「才能のある人にはかなわない」

「うちは貧乏だから、幸せになれない」

「何をやっても、無駄に思える」

負け犬の遠吠えにも聞こえるが、それらはたしかに真実を含む。

多くの研究が示すとおり、次のような式になる。

成功＝遺伝×環境×運×努力

努力の介入できる余地は、それほど大きくはない。

「恵まれなかった者」にとっては、世の中は無慈悲、人生は無力感にあふれているであろう。


また、web の発達により「他者の成功への嫉妬」は加速している。


「知人がビットコインでひと儲けした」

「学生時代の友人が、転職で有名企業に行った」

「前の職場の同僚が独立して成功した」

「美女と／金持ちと結婚した」


そんな情報が、休む間もなく、次々に飛び込んでくる。

彼らに「気にしなけりゃいいのに」「SNSなんぞ、見なけりゃいいのに」というアドバイスは届かない。

多くの心理学者が指摘するように、人を最も不幸にするのは「身近な人との比較」なのである。

◆

だが、一方で「他者の成功を心から喜べる人」もいる。

彼らはうらやむべき存在だ。嫉妬に悶《もだ》えるよりも、知人の成功を素直に喜べるほうが人生は楽しいだろう。


だから、「他者の成功を、素直に喜べるようになりたい」「嫉妬はしたくない」と願う人は多いのではないだろうか。

では、「人の成功を素直に喜べる」人は、何が違うのだろうか。


性格だろうか？

器だろうか？

育ちだろうか？

そうかもしれない。

だが、私の観察では、これはほとんどの人が意識すればできる。一種の「スキル」だ。性格とか、器とか、育ちとか、そういった話ではない。

わかりやすい例を挙げよう。

たとえば、サッカーの日本代表の試合で日本代表が勝つと、多くの日本人はうれしい気持ちになる。

オリンピックでも同じだ。日本人選手が勝つと、多くの人は「素直に喜べる」。時と場合により、皆、自然に「人の成功を素直に喜べている」。

したがって、「人は、他者の成功を喜ぶことはできない」と早とちりをしてはいけない。

正確には、「人は、他者の成功を喜べるときと、喜べないときがある」というのが正しいのである。

そして、**その2つを分けるのは「同胞意識」である。**

「同胞」の成功は皆うれしい。日本人は、日本人選手を同胞とみなしている。

逆に、「競争相手」の成功は、それとは逆の影響がある。

◆

冒頭の先輩は、後輩の出世が先になったことを喜べなかった。これはつまり、こういうことだろう。

「仲のいい後輩が課長になったので、悔しい」

先輩は、後輩を「競争相手」とみなしていたわけである。

しかし、解釈によっては「自分の仲のいい人が、出世した」という事実は、「知らない人や、仲の悪い人が出世する」よりも、自分の社内でのポジションに対して有利に働く可能性もある。

「仲のいい後輩が、課長になったので、うれしい」という文章もまったくおかしくはない。

この場合、先輩は後輩を「同胞」とみなしている。

要は、「事実」に対する解釈によって、自分の生きている世界が心地よいか、住みにくいかが変わるのだ。

つまり、「人の成功を素直に喜べるかどうか」は、考え方ひとつで変えることができる。

◆

ちょっとした表現や、言い方によって人の感情は大きく悪化したり、逆によくなったりする。

これは「感情フレーミング」と呼ばれ、人間の感情が「合理的」とはほど遠いことは、ダニエル・カーネマンによる次のエピソードから明らかだ。[*44]

参加者は医師で、肺ガンの二つの治療法すなわち手術と放射線治療のデータを見せて、どちらを選ぶかを訊ねた。五年後の生存率は手術のほうが明らかに高いが、短期的には手術のほうが放射線治療より危険である。被験者を二つのグループに分け、片方には生存率に関するデータを、残り半分には同じことを死亡率で表現したデータを見せた。手術の短期的な結果に関する記述は、次のとおりである。

術後一カ月の生存率は九〇%です。

術後一カ月の死亡率は一〇%です。

結果はもうおわかりだろう。手術を選んだ人は、最初のフレーム（被験者の八四%）のほうが後のフレーム（五〇%）より圧倒的に多かった。二つの文章が論理的に等価であることははっきりしているのだから、客観的事実に基づく意思決定者ならば、どう記述されていようと同じ選択をするはずである。だがすでによくご存知のとおり、システム1は感情的な言葉に無関心ではいられない。死ぬのは悪いことで生きているのはよいことだ、と反応してしまう。そして、生存率九〇%はすばらしいことだが、死亡率一〇%はおぞましいことだ、と判断する。

この実験で判明した重要な点の1つは、医師であっても、医学の専門教育を受けていない人たち（患者およびビジネススクールの学生）と同じぐらいフレーミング効果に惑わされることである。

驚くべきことに、深い知見を持つはずの専門家ですら「言い方ひとつ」で、同じ事実であっても、とらえ方がまったく異なってきてしまう。

これが、人間なのだ。

「人の成功」の情報をシャットアウトすることはできない。

とすれば、できるだけ自分にとってポジティブな文脈に変換してとらえることが、この世の中を快適に過ごすためにはとてつもなく重要だ。

「仲間だから」

そういった、昔ながらの言葉を大切にすること。それが快適に生きるコツなのだ。

「地頭がいい人」と、そうでない人の本質的な違いはどこにあるか。

コンサルタントをやっていた頃、いいか悪いかは別として、採用に関して「地頭のよさ」を重視する風潮があった。

地頭がいい人間は、一定の訓練でそれなりのコンサルタントになる。

だが、お世辞にも地頭がいいとはいえない人間は、いつまでたっても一人前になれなかったからだ。

実際、私が20代半ばで所属していた部署では、中途採用にあたって「学歴」をさほど重視していなかった。

重視していたのは、とにかく「地頭」だ。

ある応募者は、「高卒」で「自動車整備工」になり、そして「先物取引の営業」に転職、そして最後に「漁師」という経歴を持っていたが、彼は採用された。

彼の言動は、地頭のよさを十分に感じるものであったからだ。

彼の業務経験の乏しさは訓練でなんとかなる、皆がそう思ったのである。

彼はその後、会社に大きな貢献を残し、「支社長」まで務めたのだから、そのときの判断は間違っていなかった。

◆

この「地頭」の正体について、私はずっと気になっていた。

「地頭のよさ」とは、いったい何なのか？

そんなことを考えていたところ、ある方から佐藤優の『自壊する帝国』[*45]を読むことを勧められた。

著者は元外交官であり、いわゆる諜報活動（スパイ活動）を行っていたことで知られる。

『自壊する帝国』では、諜報活動を「インテリジェンス」と呼び、情報（インフォメーション）の入手と明確に区別をしている。[*45]

著者が言うには、インテリジェンスとは「ありふれた情報（インフォメーション）から、より深い意味や意図を読み取る行為」である。

たとえば、著者が「インテリジェンスの師」と仰ぐチェコ人のマストニークという人物がいる。

このマストニークが著者に向かって言ったフレーズが、「インテリジェンス」の本質をよく示している。


「新聞を馬鹿《ばか》にしないことだ。『プラウダ』（ソ連共産党中央委員会機関紙）と『イズベスチヤ（ニュース）』（ソ連政府機関紙）に掲載される共産党中央委員会や政府の決定、社説については、どんなに内容が退屈でも、必ず赤鉛筆で重要事項をチェックしながら読むことだ。

そうそう、モスクワではチェコスロバキア共産党機関紙『ルデー・プラーボ（赤い正義）』も購読できるので、同じように赤鉛筆を持ちながら読むことだ。半年もすれば新聞の行間から何が実際に起きているのかが読み取れるようになる」

マストニーク氏からこの晩に聞いた助言は、モスクワで私がロシア人と付き合い、ロシア人の内在的論理を理解する上でとても役に立った。

マストニークは「新聞の行間から何が実際に起きているのかが読み取れるようになる」と指摘している。

私はひざを打った。これこそが、「インテリジェンス」の本質、ひいては「地頭」の本質ではないだろうか。

つまり、**「地頭がいい人」というのは、同じ情報に接していても、そうでない人に比べて、そこから読み取ることができる情報が桁違いに多いのだ。**

文面をそのまま解釈するのではなく、「文脈」からそれ以上の情報を引き出しているのである。

これこそ、「地頭がいい人」の特長なのだ。昔ながらの言葉で表現すれば、「一を聞いて十を知る」である。

◆

ほかにもある。

医師の知人から聞いた話だ。

その知人がまだ駆け出しの医者だった頃、小さい子どもが「お腹が痛い」と病院に来た。

だが、彼が腹部を診ても何も見つからない。なぜ子どもが「お腹が痛い」とこれほど訴えるのか、

彼はすっかり困ってしまい、上司に相談した。

「お腹が痛いと言っているんですが、何も見つかりません。胃腸炎か何かでしょうか？」

すると、その上司は言った。

「バカヤロウ、おまえは何を診ているんだ」

そして上司は、子どもに向かって言った。

「本当に痛いのは、お腹じゃなくて、おちんちんじゃない？」

子どもはうなずいた。子どもは恥ずかしくて、「お腹が痛い」と言ったのだ。

先輩の所見は「睾丸捻転症《こうがんねんてん》」。放置すれば危険なこともある。

知人は「わずかな情報から、多くの事象を読み取ること」のすごさを思い知ったそうだ。

こうしたことが、「経験を積めば、誰でもできる」と思うのは間違いである。経験を積んでも、知識を積み上げても、残念ながらこうした「インテリジェンス」に関わる件は「気づかない人はいつまでも気づかない」のだ。

◆

地頭をよくしようとするならば、「インテリジェンス」を意図的に働かせることが必要なのだ。

この細部に気づく、意図を読み取る、内部の法則性を読み取る、などの意識の働きが強い人を、おそらくは「地頭がいい人」と呼ぶのだろう。

「考えて仕事をする」とはどういうことか。

ある会社で、後輩が先輩に「考えて仕事をしなさい」と言われていた。

後輩は「考えてますよ」と言う。

だが、先輩は「ちゃんと考えてない」と厳しい。

「では、ちゃんと考えるとは具体的にどういう意味なのか、きちんと説明してください」と、後輩も負けていない。

先輩は、そんなこと説明するまでもない、というふうに「深く考えることだよ」と言った。

「深く考えるとはどういうことなのか」については、ついに先輩からは明確な回答は得られなかった。

後輩は考え込んでしまった。

◆

「下手の考え休むに似たり」と言うが、長考すればいい考えが浮かぶ、というのは間違っており、正しく考えなければ、望む成果を得られない。

したがって、「深く考える」ことは、ビジネスパーソンとしてそれなりに重要な技術であると言えるだろう。


さて、ここで疑問なのは、当然「深く考える」とはどのようなことなのかである。

もちろん、多くの先人たちの意見が数多くあるわけで、「考えること」の本質については今さら私がとやかく言うまでもない。

だが、「考えること」の専門家である多くの哲学者、思想家に共通して見られる態度は、一貫して、「当然としてきたことを疑う」に尽きるだろう。

たとえば、17世紀の偉大な哲学者であり、数学者でもあったデカルトは次のように述べる。[*46]

> 哲学は幾世紀もむかしから、生を享《う》けたうちで最もすぐれた精神の持ち主たちが培ってきたのだが、それでもなお哲学には論争の的にならないものはなく、したがって疑わしくないものは一つもない。これを見て、わたしは哲学において他の人よりも成功を収めるだけの自負心は持てなかった。それに、同一のことがらについて真理は一つしかありえないのに、学者たちによって主張される違った意見がいくらでもあるのを考え合わせて、わたしは、真らしく見えるにすぎないものは、いちおう虚偽とみなした。

アインシュタインが、ニュートン力学で当然としていたことにメスを入れたように、大きなブレークスルーはほとんどすべて、前提を疑うこと、当然とみなされるものへの猜疑など、批判的姿勢から生まれる。

したがって、「深く考えること」においては、疑うことを重視しなければならない。

思いきって単純化してしまうと、「考えろ」と言っている上司、先輩は**「当然と思っていることを疑え」**と言っている。

卑近な例で申し訳ないのだが、私がかつて部下たちにテレアポをやらせたときのこと。

「考えて電話しろ」と部下たちに伝えた。

当時、深い意図はなく、なんとなく「考えてやれ」と言っていたのだが、当時有能だった部下は「このやり方じゃなきゃダメですか？」と疑問を持ち、自分なりのやり方を経験の中で編み出していた。

たとえば、テレアポの時間は9時～10時、および17時～18時が最も効率がいいとされていた。

だが、「本当にそうなのか？」と疑った1人のメンバーは、「じつは8時30分からのほうがいいのでは？」と実験をしていた。

彼は、当然とされていることを疑うことから始めたのだ。

このように、「よくわかっている」と思っていても、よくわかっていないことは数多くあり、「考えて仕事をする」とは「自分には何がわかっていないか」を受けとめ、吟味しながら仕事をすることである。

そして、この「自分はよくわかっていないのではないか」と疑う姿勢は、「科学」を生み出した。

歴史学者のユヴァル・ノア・ハラリは『サピエンス全史』で、近代科学を生み出した「無知のパワー」について次のように述べている。[*47]

近代科学は「私たちは知らない」という意味の「ignoramus」というラテン語の戒めに基づいている。近代科学は、私たちがすべてを知っているわけではないという前提に立つ。それに輪をかけて重要なのだが、私たちが知っていると思っている事柄も、さらに知識を獲得するうちに、誤りであると判明する場合がありうることも、受け容れている。

（中略）

科学革命はこれまで、知識の革命ではなかった。何よりも、無知の革命だった。科学革命の発端は、人類は自らにとって最も重要な疑問の数々の答えを知らないという、重大な発見だった。

イスラム教やキリスト教、仏教、儒教といった近代以前の知識の伝統は、この世界について知るのが重要である事柄はすでに全部知られていると主張した。

（中略）

進んで無知を認める意思があるため、近代科学は従来の知識の伝統のどれよりもダイナミックで、柔軟で、探求的になった。

逆説的ではあるが、人は「知らないと知っていること」が究極的な力になるのである。「企業」という組織についての知識ひとつをとってみても、我々は経営について、マーケティングについて、果たしてどれだけのことを知っているのだろうか？

「考えて仕事をする」とは、「じつは自分は知らないのではないか」との問いかけを常に自らに課すということなのだ。

おわりに

ビジネスパーソンの悩みとして、どんな内容のものが多いと思いますか？
私は、大きく次の3つに分かれると考えています。

1　もっと仕事ができるようになりたい
2　コミュニケーション能力がない
3　仕事を通しての人間関係

そのようなビジネスパーソンの日々のさまざまな悩みを解決すべく、自分がこれまで見聞きしたことなどを中心に記事にし、またブログなどで面白い内容を書いているさまざまな執筆陣にも寄稿していただいたのが、私が運営するwebメディア、Books&Appsです。

本書は、そのwebメディア、Books&Appsに掲載した私の記事を再編集したものの第3作目です。

1作目の『「仕事ができるやつ」になる最短の道』は、成果を出すための考え方について。

2作目の『仕事で必要な「本当のコミュニケーション能力」はどう身につければいいのか?』は、仕事におけるコミュニケーションの原則についてまとめました。

すでに2作をまとめている、ということもあり、仕事をハックする技(仕事をうまく進めるための原理原則等も含め)については、これ以上あまり語るべきこともないと考えていました。

けれども、あるときBooks&Appsの人気記事を振り返ると、ほとんどは「対人関係の歪み」に触れたものだ、ということに気づきました。

「対人関係の歪み」は普遍的、かつ究極の悩みの1つですが、こと仕事においては、生産性を大きく低下させる困りものです。

しかし、その解決はそれほど簡単ではありません。

なぜなら、その歪みの原因は「認識の違い」によるものだからです。

音楽のバンドならば「音楽性の違い」、アーティストならば、「世界観の違い」と言ってもよいでしょうか。

「認識の違い」とは、同じものを見ていても、各個人の脳が別の解釈をしてしまうことによるすれ違いなので、お互いが「当たり前」と思っていることを言い合えば言い合うほど、相手がバカにしか見えなくなります。

「なんで、こんな当たり前のこともわからないんだ」

となるわけです。

これを解決するには、互いに相手の話を吟味し、「この人には何が見えているのか？」を推測する、高い知的能力が要求されます。

何より「相手も合理的なはずである。だから相手を尊重する」という、態度が要求されます。

が、この「態度」を示せる人が極めて少ないので、なかなか学習する機会が得られない、というのも、1つの課題です。

そこで、Books & Appsは、その「認識の違い」を学習できる場となることを、大きな目的の1つとしています。

このたび、日本実業出版社の皆様のご協力を得て書籍という形になり、読者の皆様が多くの「事例」を参考にすることで、対人関係の歪みに悩む方を1人でもいなくなることにつながれば、これにまさる幸せはありません。

2019年2月

安達裕哉

参考文献

＊0　『バカの壁』養老孟司／新潮社
＊1　『進化しすぎた脳』池谷裕二／講談社
＊2　『ファスト&スロー（上）』ダニエル・カーネマン／村井章子訳／早川書房
＊3　『バカの壁』養老孟司／新潮社
＊4　『ファスト&スロー（上）』ダニエル・カーネマン／村井章子訳／早川書房
＊5　『ファスト&スロー（上）』ダニエル・カーネマン／村井章子訳／早川書房
＊6　『ファスト&スロー（上）』ダニエル・カーネマン／村井章子訳／早川書房
＊7　『ドラッカー名著集6　創造する経営者』P・F・ドラッカー／上田惇生訳／ダイヤモンド社
＊8　『論語』金谷治・訳注／岩波書店
＊9　『ソクラテスの弁明・クリトン』プラトン／久保勉訳／岩波書店
＊10　『ドラッカー名著集4　非営利組織の経営』P・F・ドラッカー／上田惇生訳／ダイヤモンド社
＊11　『ソーシャル物理学』アレックス・ペントランド／小林啓倫訳／草思社
＊12　『失敗の科学』マシュー・サイド／有枝春訳／ディスカヴァー・トゥエンティワン
＊13　『ドラッカー名著集12　傍観者の時代』P・F・ドラッカー／上田惇生訳／ダイヤモンド社
＊14　『How Google Works』エリック・シュミット、ジョナサン・ローゼンバーグ、アラン・イーグル／土方奈美訳／日本経済新聞出版社
＊15　『広辞苑　第六版』新村出編／岩波書店

＊16　『ファスト&スロー（下）』ダニエル・カーネマン／村井章子訳／早川書房
＊17　『ファスト&スロー（下）』ダニエル・カーネマン／村井章子訳／早川書房
＊18　『ファスト&スロー（下）』ダニエル・カーネマン／村井章子訳／早川書房
＊19　『バカの壁』養老孟司／新潮社
＊20　『AI vs. 教科書が読めない子どもたち』新井紀子／東洋経済新報社
＊21　『僕がアップルで学んだこと』松井博／アスキー・メディアワークス
＊22　『ドラッカー名著集1　経営者の条件』P・F・ドラッカー／上田惇生訳／ダイヤモンド社
＊23　『幸福の計算式』ニック・ポータヴィー／阿部直子訳／CCCメディアハウス
＊24　『オレ様化する子どもたち』諏訪哲二／中央公論新社
＊25　『ファスト&スロー（上）』ダニエル・カーネマン／村井章子訳／早川書房
＊26　『ドラッカー名著集1　経営者の条件』P・F・ドラッカー／上田惇生訳／ダイヤモンド社
＊27　インターネットサイト「人力検索はてな」匿名質問者
＊28　『プロジェクトマネジメント知識体系ガイド（PMBOKガイド）第5版』Project Management Institute／Project Management Inst
＊29　『なぜマネジメントが壁に突き当たるのか』田坂広志／東洋経済新報社
＊30　『マネジメント［エッセンシャル版］』P・F・ドラッカー／上田惇生訳／ダイヤモンド社
＊31　『ファスト&スロー（上）』ダニエル・カーネマン／村井章子訳／早川書房
＊32　『GIVE&TAKE「与える人」こそ成功する時代』アダム・グラント／楠木建監訳／三笠書房
＊33　『ワーク・ルールズ！』ラズロ・ボック／鬼澤忍、矢羽野薫訳／東洋経済新報社
＊34　『超一流になるのは才能か努力か？』アンダース・エリクソン、ロバート・プール／土方奈美訳／文藝春秋

＊35『海馬 脳は疲れない』池谷裕二、糸井重里／新潮社
＊36『ファスト&スロー（上）』ダニエル・カーネマン／村井章子訳／早川書房
＊37『財経新聞』（2012年5月15日）
＊38『アナタはなぜチェックリストを使わないのか？』アトゥール・ガワンデ／吉田竜訳／晋遊舎
＊39『マネジメント［エッセンシャル版］』P・F・ドラッカー／上田惇生訳／ダイヤモンド社
＊40『ドラッカー名著集1 経営者の条件』P・F・ドラッカー／上田惇生訳／ダイヤモンド社
＊41『そのひとクチがブタのもと』ブライアン・ワンシンク／中井京子／集英社
＊42『つながり 社会的ネットワークの驚くべき力』ニコラス・A・クリスタキス、ジェイムズ・H・ファウラー／鬼澤忍訳／講談社
＊43『天才！ 成功する人々の法則』マルコム・グラッドウェル／勝間和代訳／講談社
＊44『ファスト&スロー（下）』ダニエル・カーネマン／村井章子訳／早川書房
＊45『自壊する帝国』佐藤優／新潮社
＊46『方法序説』デカルト／谷川多佳子訳／岩波書店
＊47『サピエンス全史（下）』ユヴァル・ノア・ハラリ／柴田裕之訳／河出書房新社

安 達 裕 哉（あだち　ゆうや）
1975年東京都生まれ。筑波大学環境科学研究科修了。世界4大会計事務所の1つである、Deloitteに入社し、12年間コンサルティングに従事。在職中、社内ベンチャーであるトーマツイノベーション株式会社の立ち上げに参画し、東京支社長、大阪支社長を歴任。大企業、中小企業あわせて1000社以上に訪問し、8000人以上のビジネスパーソンとともに仕事をする。その後、起業して、仕事、マネジメントに関するメディア「Books&Apps」（読者数150万人、月間PV数200万にのぼる）を運営する一方で、企業の現場でコンサルティング活動を行う。著書に『「仕事ができるやつ」になる最短の道』『仕事で必要な「本当のコミュニケーション能力」はどう身につければいいのか?』（いずれも日本実業出版社）。

すぐ「決《き》めつける」バカ、
まず「受《う》けとめる」知的《ちてき》な人《ひと》

2019年２月10日　初版発行

著　者　安達裕哉
発行者　吉田啓二

発行所　株式会社日本実業出版社　東京都新宿区市谷本村町３−29 〒162-0845
大阪市北区西天満６−８−１ 〒530-0047
編集部 ☎03-3268-5651
営業部 ☎03-3268-5161　振　替　00170-1-25349
https://www.njg.co.jp/

印刷／理 想 社　製 本／共 栄 社

この本の内容についてのお問合せは、書面かFAX（03−3268−0832）にてお願い致します。
落丁・乱丁本は、送料小社負担にて、お取り替え致します。

ISBN 978-4-534-05661-0　Printed in JAPAN

日本実業出版社の本

「仕事ができるやつ」になる最短の道

安達裕哉
定価本体1400円（税別）

月間 200万 PVの人気ブログの著者が明かす“仕事の質の高め方”。1000社、8000人以上を見てわかった「今日」「１週間」「１か月」「１年」「一生」……タイムスパンごとにすべきこと。

仕事で必要な「本当のコミュニケーション能力」はどう身につければいいのか？

安達裕哉
定価本体1400円（税別）

「コミュニケーション能力」は新卒採用時に企業が求める能力として毎年上位にランクインするが、わかるようでわからない。ビジネスパーソンに人気のブログの著者が「身につけ方」を明らかにする。

なぜ、結果を出しているのに評価が低いのか？

人事の超プロが教える 評価される人、されない人

西尾　太
定価本体1400円（税別）

昇進、昇給、異動、リストラ、転職、起業、キャリアのすべては「評価」によって決まる。300社、１万人以上を見てきた人事の超プロが「評価の仕組み」と「正しく評価される方法」を明かす。

定価変更の場合はご了承ください。